Runen

von

Prof. Dr. Wolfgang Krause

Mit 17 Figuren
und 8 Tafeln

Sammlung Göschen Band 1244/1244a

Walter de Gruyter & Co · Berlin 1970

vormals G. J. Göschen'sche Verlagshandlung · J. Guttentag,
Verlagsbuchhandlung · Georg Reimer · Karl J. Trübner · Veit & Comp.

Inhaltsverzeichnis

Bibliographie in Auswahl

H. Hermannsson: Catalogue of Runic Literature, Fiske Collection, Oxford 1918.

H. Arntz: Bibliographie der Runenkunde, Leipzig 1937.

H. Marquardt: Bibliographie der Runeninschriften nach Fundorten I: Britische Inseln, Göttingen 1961.

L. Wimmer: Die Runenschrift, Berlin 1887.

O. v. Friesen: Runenschrift, in: Hoops Reallexikon der Germanischen Altertumskunde [1. Aufl.] IV, 1918—19, 5ff.

ders.: Runorna. Nordisk Kultur VI, 1933.

H. Arntz: Handbuch der Runenkunde, 2. Aufl. Halle 1944.

A. Bæksted: Runerne, Deres Historie og Brug. Kopenhagen 1943.

R. W. V. Elliott: Runes, An Introduction, 2. Aufl. Manchester 1963.

L. Musset: Introduction à la Runologie, Paris 1965.

W. Krause: Was man in R. ritzte, 2. Aufl. Halle 1943.

K. Düwel: Runenkunde. Sammlung Metzler, M 72, Stuttgart 1968.

G. Stephens: The Old Northern Runic Monuments of Scandinavia and England. (ONRM), vol. I—IV, London 1866—1901. — Dazu Handbook London 1884.

C. Marstrander: De nordiske runeinnskrifter i eldre alfabet. I. Viking, Oslo 1952.

W. Krause mit Beiträgen von H. Jankuhn: Die Runeninschriften im älteren Futhark, I. Text, II. Tafeln, Göttingen 1966.

Bei der Textauswahl des vorliegenden Bändchens sind die bei KJ aufgenommenen Inschriften nicht besonders numeriert.

Sveriges Runinskrifter (SR) utg. av Kgl. Vitterhets Historie och Antikvitets Akademien Stockholm:

I. A. Söderberg och E. Brate: Ölands Runinskrifter (Öl) 1900—1906.

II. E. Brate: Östergötlands Runinskrifter (Ög) 1911—1918.

III. E. Brate och E. Wessén: Södermanlands Runinskrifter (Sö) 1924—1936.

IV. R. Kinander: Smålands Runinskrifter (Sm) 1935—1961.

V. H. Jungner och E. Svärdström: Västergötlands Runinskrifter (Vg) 1940—1958 (Schlußheft fehlt).

VI—IX. E. Wessén och Sven B. F. Jansson: Upplands Runinskrifter (U) 1—4, 1940—1958.

XI. Sven B. F. Jansson och E. Wessén: Gotlands Runinskrifter (G) 1. Teil, 1962.

XIII. Sven B. F. Jansson: Västmanlands Runinskrifter (Vs) 1964.

Sven B. F. Jannsson: The Runes of Sweden, Stockholm 1962.

ders.: Runinskrifter i Sverige, Uppsala 1963.

S. Bugge og M. Olsen: Norges Indskrifter med de ældre Runer (NIæR). Einleitung und 3 Bände, Christiania 1891—1924.

S. Bugge og M. Olsen: Norges Indskrifter med de yngre Runer (NIyrR), Kristiania, H. 1, 1902, H. 2, 1906.

M. Olsen: Norges Innskrifter med de yngre Runer (NIyR), Bd. I—V, Oslo 1941—1960.

L. Wimmer: De danske Runemindesmærker (DRM), Bd. I—IV, Kopenhagen 1893—1908.

L. Jacobsen og E. Moltke: Danmarks Runeindskrifter (DR). Atlas 1941, Text og Registre 1942. Dazu Zusammenfassung in deutscher Übersetzung.

M. Olsen: Runic Inscriptions in Great Britain, Ireland and the Isle of Man = Viking Antiquities, Oslo 1954 (nur die Inschriften in altnordischer Sprache).

A. Bæksted: Islands Runeindskrifter, Kopenhagen 1942.

H. Arntz und H. Zeiss: Die einheimischen Runendenkmäler des Festlandes, Leipzig 1939.

R. Derolez: Runica Manuscripta. Diss. Gent, 1953.

Abkürzungen

a-	=	alt-
ae.	=	altenglisch
ags.	=	angelsächsich
ahd.	=	althochdeutsch
ai.	=	altindisch
air.	=	altirisch
aisl.	=	altisländisch
an.	=	altnordisch
ANF	=	Arkiv för Nordisk Filologi. Lund.
ANO	=	Aarbøger for Nordisk Oldkyndighet og Historie. Kopenhagen.
APhS	=	Acta Philologica Scandinavica. Kopenhagen.
ATS	=	Antiqvarisk Tidskrift för Sverige. Stockholm.
BZ	=	Bronzezeit
DR	=	Danmarks Runeindskrifter udg. L. Jacobsen og E. Moltke (s. o. Bibliographie).
DRM	=	L. Wimmer, De Danske Runemindesmærker (s. o. Bibliographie).
Fil. Ark.	=	Filologiskt Arkiv. Stockholm.
Fv	=	Fornvännen. Stockholm.
G	=	Gotlands Runinskrifter (SR XI)
germ.	=	germanisch
GGA	=	Göttingische Gelehrte Anzeigen. Göttingen.
GN	=	Göttername.
got.	=	gotisch.
Gotl. Ark.	=	Gotländskt Arkiv. Visby.
gr.	=	griechisch
Hoops	=	J. Hoops, Reallexikon der Germanischen Altertumskunde, 1. Aufl. Straßburg 1911—1919; 2. Aufl. Berlin seit 1968.
isl.	=	isländisch
KJ	=	W. Krause mit Beiträgen von H. Jankuhn, Die Runeninschriften im älteren Futhark (s. o. Bibliographie).
kymr.	=	kymrisch (die keltische Sprache von Wales).
KZ	=	(Kuhns) Zeitschrift f. Vergleichende Sprachforschung. Göttingen.
lat.	=	lateinisch
MA bzw. ma.	=	Mittelalter bzw. mittelalterlich
MM	=	Mål og Minne. Oslo.
Nat. Mus. Arb.	=	Fra Nationalmuseets Arbejdsmark. Kopenhagen.

NGAW   = Nachrichten der Göttinger Akademie der Wissenschaften.
                Göttingen.
NIæR   = S. Bugge og M. Olsen, Norges Indskrifter med de ældre
                Runer (s. o. Bibliographie).
NIyR   = S. Bugge og M. Olsen, Norges Indskrifter med de yngre
                Runer. — M. Olsen, Norges Innskrifter med de yngre
                Runer (s. o. Bibliographie).
NK   = Nordisk Kultur (Samlingsverk). Stockholm/Oslo/Kopen-
                hagen.
nord.   = nordisch
norw.   = norwegisch
NTS   = Norsk Tidsskrift for Sprogvidenskap. Oslo.
Ög   = Östergötlands Runinskrifter (SR II).
Öl   = Ölands Runinskrifter (SR I).
PN   = Personenname.
R.   = Rune.
RäF   = W. Krause, Runeninschriften im älteren Futhark, Halle
                1937.
Skírnir   = Tímarit Hins Íslenzka Bókmenntafélags. Reykjavík.
Skj.   = F. Jónsson, Den Norsk-Islandske Skjaldedigtning. Kopen-
                hagen 1912—1915.
SJyR   = L. Wimmer, Sønderjyllands Runemindesmærker, Kopen-
                hagen 1901.
Sm   = Smålands Runinskrifter (SR IV).
SMAW   = Sitzungsberichte der Bayrischen Akademie der Wissen-
                schaften. München.
SNF   = Studier i Nordisk Filologie. Helsingfors.
Sö   = Södermanlands Runinskrifter (SR III).
SR   = Sveriges Runinskrifter (s. o. Bibliographie).
Stuttr.   = I. Sanness-Johnsen, Stuttruner. Oslo 1968.
U   = Upplands Runinskrifter (SR VI—IX).
Vg   = Västergötlands Runinskrifter (SR V).
Viking   = Norsk Arkeologiskt Selskaps Tidsskrift. Oslo.
Vitt. Hist. Ant. Ak. Hdl. = Kgl. Vitterhets Historie och Antikvitets Aka-
                demien Handlingar. Stockholm.
VN   = Völkername.
VWZ   = Völkerwanderungszeit.
WZ   = Wikingerzeit.
ZDA   = Zeitschrift für Deutsches Altertum. Berlin.

I. Die Runenschrift: Formen und Gebrauch

1. Allgemeine Bemerkungen

§ 1. Unter *Runen* versteht die Forschung die einheimischen Schriftzeichen, deren sich die germanischen Stämme vor und teilweise neben dem Gebrauch der lateinischen Schrift bedienten. Das Wort *Rune* selbst ist in der 2. Hälfte des 17. Jh.s aus dem Dänischen, besonders aus den Schriften des Gelehrten Ole Worm entlehnt. Es ist urverwandt mit schweizerisch *Raun* „geheime Abstimmung" und nhd. *raunen*. Die Grundbedeutung ist „Geheimnis"; sie liegt noch in got. *rūna* als Übersetzung von griechisch μυστήριον vor und hat nur noch in den inselkeltischen Sprachen eine genaue etymologische Entsprechung: air. *rún*, kymr. *rhin* „Geheimnis". Von dieser Grundbedeutung her erklärt es sich auch, daß der Singular in kollektivem Sinn „Runen" gelegentlich in urnordischen Inschriften (vgl. § 32 und 61), bei den Skalden (§ 116), in der altenglischen Literatur und wohl auch auf der Spange von Freilaubersheim (§ 72) verwendet wird.

Wegen einer gewissen formalen Ähnlichkeit werden auch die Zeichen der alttürkischen Inschriften am Orchon oft als „Runen" bezeichnet.

§ 2. Die Anzahl der bisher bekannten Runeninschriften beträgt etwa 5000, wovon allein 3000 in Schweden beheimatet sind, während es an „deutschen" (besser „südgermanischen") nur etwas mehr als 30 gibt.

Räumliche Grenzen der Träger dieser Inschriften sind: im Norden der kleine Stein auf dem Eiland Kingigtorssuaq vor der grönländischen Westküste unter

dem 73. Breitengrad (vgl. § 114) sowie ein Halsschmuck
von Senja (§ 104) in der Nachbarschaft von Tromsø (69°,
30'), im Süden der Marmorlöwe von Piräus (dicht unter
38°), im Westen die Runendenkmäler der Britischen Inseln
einschl. Irlands (§ 105) etwa 6° w. L., im Osten der Holzstab von Alt-Ladoga (§ 85) sowie ein Gedenkstein auf der
Insel Berezań in der Dnjeprmündung (beide unter 32° ö. L.).

Zeitlich trägt das Lanzenblatt von Øvre Stabu (Ostnorwegen) die älteste Runeninschrift (2. Hälfte des 2. Jh.s
n. Chr.), während sich in der mittelschwedischen Landschaft Dalarna volkstümliche Runeninschriften bis in das
Ende des 19. Jh.s hinein erhalten haben (§ 109).

§ 3. Die wissenschaftliche Erforschung der Runen begann in Schweden und Dänemark im 16. und 17. Jh.
Jedoch standen die Gelehrten dieser Zeit noch völlig unter
dem Bann biblischen Geschichts- und Kulturdenkens und
versetzten die Entstehung der Runen in die Zeit der Sint-
flut, so z. B. Joh. Magnus (1554). Joh. Peringsköld (1699)
glaubte sogar, den Namen „Magog" (Sohn Japhets) auf
einem der beiden Thingsteine von Bällsta in Uppland er-
kennen zu können, was freilich auf einer völligen Falsch-
lesung beruht. Sogar der berühmte dänische Gelehrte Ole
Worm, der sich um die Entzifferung und Deutung zahl-
loser Runeninschriften höchste Verdienste erworben hat
(vgl. § 1), wollte in seinem Buch „Runer seu Danica Lite-
ratura antiquissima, vulgo Gothica dicta" (1636) die
Runen aus der hebräischen Schrift ableiten.

Im Jahre 1750 veröffentlichte der schwedische Gelehrte
Joh. Göransson in seinem Werke „Bautil" nicht weniger
als 1173 Abbildungen von Runeninschriften. In der Einleitung vertritt er die Hypothese, daß die Runen um
2000 v. Chr. von einem weisen Manne, nämlich Gomer,
einem Bruder Magogs, nach dem Norden gebracht seien.

Demgegenüber hielt Joh. Liljegren in seiner „Runlära" (1832) die Runen, und zwar in der Form der Hälsinger Runen (vgl. § 13) für eine Urschöpfung unter Annahme einer späteren Beeinflussung durch das lateinische Alphabet. Für die heutige Forschung noch sehr wertvoll ist dagegen seine Ausgabe der ihm bekannten Runeninschriften „Runurkunder" (1834).

Unterdessen waren freilich andere Gelehrte zu einer nüchterneren Auffassung über Herkunft und Alter der Runen gelangt: so wollte E. Benzelius (1724) die Runen aus einem altionischen Alphabet herleiten. Lange Zeit aber blieben alle derartigen Untersuchungen mehr oder weniger dilettantisch.

Die streng wissenschaftliche Runenforschung setzt erst mit den Arbeiten des Dänen Ludvig Wimmer ein, vor allem mit seiner Abhandlung „Runeskriftens Oprindelse og Udvikling i Norden" (1874), ein Werk, das besonders durch die erweiterte deutsche Ausgabe durch F. Holthausen „Die Runenschrift" (1887) ein weltweites Echo fand. Wimmer weist darin schlagend nach, daß sämtliche uns bekannten Runenreihen auf ein damals von allen germanischen Stämmen benutztes Grund-Futhark (so benannt nach den ersten 6 Runen der Reihe) von 24 Typen zurückgehen, und er versucht, jede dieser 24 Runen aus einem Buchstaben der lateinischen Kapitalschrift abzuleiten (vgl. Weiteres § 23). Einen gewichtigen Vorstoß gegen die Lateinthese unternahm der schwedische Forscher O. v. Friesen „Om Runskriftens Härkomst" (1906), in dem er die Runen aus der griechischen Minuskelschrift des 3. Jh.s n. Chr. ableiten wollte (Weiteres § 22). Diese seine These wurde besonders verbreitet durch seinen Beitrag „Runenschrift" in Hoops „Reallexikon der germanischen Altertumskunde[1]" Bd. IV (1918).

Schließlich trat der norwegische Gelehrte Carl J. Marstrander in seiner Abhandlung „Om runene og runenavnenes oprindelse" (in der von ihm gegründeten Zeitschrift Norsk Tidsskrift for Sprogvidenskap Bd. I, 1928) für die Herleitung der Runen aus einem der vielen nordetruskischen Alphabete des Alpengebiets aus den letzten Jahrhunderten v. Chr. ein (vgl. Weiteres § 24).

Während des letzten Jahrzehnts wird in der Runologie besonders die Frage diskutiert, in welchem Umfang die Runeninschriften magische Bedeutung haben: während der Norweger M. Olsen besonderes Gewicht eben auf die Magie in den Runentexten legte, veröffentlichte der dänische Gelehrte A. Bæksted im Jahre 1952 ein aufsehenerregendes Buch „Målruner og Troldruner", in dem er die magische Bedeutung der Inschriften weithin bestritt, wobei er gewiß über das Ziel hinausgeschossen ist (§§ 32—40).

Seit dem Ende des 19. Jh.s sind Standard-Ausgaben der Runendenkmäler der einzelnen Länder entstanden.

§ 4. Die Schriftrichtung der Runenzeilen in der älteren Zeit der Runendenkmäler ist beliebig: Sie können, wie in unserer heutigen Schrift und wie ganz überwiegend auch in der Runenschrift seit der WZ, von links nach rechts gehen (rechtsläufig), aber ebensogut von rechts nach links (linksläufig), wie etwa in den semitischen Schriften. Dazu tritt eine von Zeile zu Zeile abwechselnde Schriftrichtung, wie wir sie auch in vielen altgriechischen Inschriften finden, die danach auch als „Pflugwenderichtung" (gr. βουστρο-φηδόν) genannt wird. Schließlich sind die Zeilen mancher Inschriften in Schlangenlinien geführt, wobei die einzelnen Zeilen zwar ebenfalls abwechselnd umbiegen, jedoch ohne die Richtung der Runen zu verändern, so daß also je zwei benachbarte Zeilen entweder mit den Runenköpfen oder mit den Runenfüßen gegeneinander stehen. Ein gutes

Beispiel für Pflugwende- und Schlangenlinien ist der Stein
von Tune (§ 63). Nicht selten zeigen auch einzelne Runen
innerhalb einer Zeile eine widerstrebende Richtung
(„Wenderunen"), z. B. auf der Steinplatte von Kylver (§ 39).
Ferner können gelegentlich einzelne Runen innerhalb einer
Zeile auf dem Kopf stehen („Sturzrunen").

Nicht selten werden zwei oder mehr Runen in einem
Zeichen zusammengeschrieben („Binderunen"). Das älteste
Beispiel dafür liefert das Ortband von Thorsberg (§ 50);
weitere Beispiele findet man in der Abbildung des Lanzen-
schafts von Kragehul § 50. Sind die Zweige einer größeren
Anzahl von Runen untereinander an nur einem Stab angebracht, spricht man von „Einstabrunen" (*samstavsruner*),
so auf dem Erik-Stein von Heidaby (§ 82) und auf dem Stein
von Sønder Kirkeby (§ 34). Schließlich sei hier noch bemerkt,
daß ein Nasalzeichen vor homorganem Verschluß- oder
Reibelaut (z. B. *nd, nþ, mb*) in der Schrift ausfallen kann.

§ 5. Worttrenner und Schlußmarken, in der älteren Zeit
zumeist aus 1—5 übereinandergeordneten Punkten oder
kleinen Strichen, später, in christlicher Zeit, auch aus
kleinen Kreuzen bestehend, finden sich zufrühest auf
Inschriften des 5. Jh.s.

Besondere Randlinien, von denen die Runen eingeschlos-
sen sind, begegnen bereits auf dem ältesten Runendenkmal,
dem Lanzenblatt von Øvre Stabu (§ 52). — Oft, zumal in
den Inschriften der WZ, sind solche Randlinien ornamental
entwickelt, oder es sind außerhalb der Runen Ornamente
angebracht, vor allem auf den Brakteaten (§§ 53—55).

§ 6. Von den rein dekorativen, inhaltlich bedeutungs-
losen Ornamenten sind die Sinnbilder zu trennen, die
oftmals in enger Vergesellschaftung mit den Runen auftreten (§ 27). Sie finden sich bereits in der ältesten Schicht

der Runendenkmäler, z.B. auf der Felswand von Kårstad
(§ 57) und auf den ostgermanischen Lanzen- und Speer-
blättern (§ 70) wie auch in Inschriften der WZ, z.B. auf
dem Stein von Snoldelev (§ 80).

Von den Sinnbildern ist es ein verhältnismäßig kleiner
Schritt zu eigentlichen Bildern. Das früheste Beispiel dafür
ist der uppländische Reiterstein von Möjbro (§ 66) um 450
n. Chr., archäologisch eng verwandt mit den zahlreichen
gotländischen Bildsteinen, die bis ins Ende der WZ (um
1050) hineinreichen. Ein besonders bemerkenswertes Beispiel für die Anwendung von Bildern in der WZ ist die
Inschrift auf der Felsplatte von Ramsundsberget (§ 95)
um 1040. Eine wichtige Rolle spielen schließlich verschiedene Typen von meist stark stilisierten bildlichen Darstellungen auf den nordischen Goldbrakteaten (§ 53).

2. Die verschiedenen Runenreihen

§ 7. Das germanische Futhark von 24 Runen ist, wie
zuerst L. Wimmer nachgewiesen hat (vgl. § 3), die älteste
uns bekannte Runenreihe, deren sich in der VWZ grundsätzlich alle germanischen Stämme bedienten, und aus
der alle übrigen Runenreihen entwickelt sind. Die von
den semitischen und den südeuropäischen Alphabeten
völlig abweichende und bisher unerklärte Reihenfolge
(vgl. § 17) wird nach den ersten sechs Buchstaben ,,Fu-
thark'' (th = germ. þ mit dem ags. Namen Thorn, lautlich
wie engl. stimmloses th) genannt. Diese Reihenfolge ist
uns seit dem 5. Jh. authentisch auf mehreren Runendenkmälern überliefert, vor allem auf der gotländischen
Steinplatte von Kylver aus dem Anfang des 5. Jh.s n. Chr.
(Taf. I), auf dem Brakteaten von Vadstena (§ 10) und auf
der Halbsäule von Breza (§ 33). Neben der vollständigen

Runenreihe wird das Futhark gelegentlich in mehr oder
weniger verkürzter Form aufgezeichnet, z.B. auf den
Spangen von Aquincum und Charnay (§ 33). In normali-
sierter Form hat das ältere Futhark (mit den wichtigsten
Nebenformen) folgendes Aussehen:

Fig. 1 ält. Futhark

Bei mehreren Runen können eckige und runde Formen
miteinander wechseln. Über die verschiedenen Schrift-
richtungen vgl. § 4. Über die oben angewendete Dreiteilung der ganzen Reihe vgl. § 18. Zur magischen Verwendung des Futharks vgl. § 39.

§ 8. Die anglo-friesischen Runen sind in einer Reihe
vereinigt, die entsprechend der Veränderung des Laut-
standes in diesen „ingväonischen" Sprachen zunächst um
vier, später — etwa um 800 — um noch weitere fünf neue
Runen vermehrt wurde. Diese Entwicklung begann wohl
bereits im 5. Jh. Strittig ist, wie man sich die gegen-
seitige Beeinflussung zwischen altenglischen und altfriesischen Runen zu denken hat.

Fig. 2
Themse-Messer

Während uns aus dem Gebiet der friesischen Runen kein authentisches Zeugnis für die Reihenfolge der Runen erhalten ist, kennen wir aus dem altenglischen Gebiet wenigstens ein solches Denkmal, nämlich die vollständige Runenreihe auf einem in der Themse gefundenen Schwert oder Messer (Sax). Die 28 Zeichen darauf sind freilich gegen Schluß der Reihe teils umgestellt, teils entstellt. Am Schluß steht der Name des Runenmeister *Beāgnōþ* („Ringkühn"). Neben diesem inschriftlichen Zeugnis besitzen wir aber noch eine Reihe handschriftlicher Futhorks aus dem MA. Das beste Zeugnis für die 28typige Reihe findet sich in der Salzburg-Wiener Alcuin-Handschrift aus dem 10. Jh.

Die wesentlichen Neuerungen dieses Futhorks sind:

1. Die alte *a*-Rune ᚠ ist, der lautlichen Entwicklung entsprechend, zwiefach modifiziert: das alte Runenzeichen hat den Lautwert *æ* (R. 26) angenommen. Durch Anbringung eines Widerhakens an dem oberen Zweig entstand die *a*-Rune (R. 25), durch Anbringung je eines Widerhakens an beiden Zweigen die *o*-Rune (R. 4); sie ist deswegen an die vierte Stelle gesetzt, weil der alte Name **ansuz* „Ase" der vierten Rune im Anglofriesischen sich lautlich zu *ōs* entwickelte. Schließlich entstand durch Anbringung je eines Zweiges mit Widerhaken beiderseits des Stabes die

$\bar{e}a$-Rune unter Berücksichtigung des im Altenglischen
aus germ. *au* entstandenen neuen Diphthonges $\bar{e}a$. Diese
Rune fehlt in den friesischen Inschriften, weil *au* im Altfriesischen zu $\bar{a}$ wurde.

2. Da der Name der ursprünglichen *o*-Rune ◊ (in dieser
Form noch in der Skanomodu-Inschrift um 500) im Anglo-
friesischen auf eine Form $\bar{o}\not{p}il$ zurückweist, die durch Um-
laut zu $\bar{\alpha}\not{p}il$ (so in den anglischen Dialekten) und weiter
zu $\bar{e}\not{p}el$ (so im Westsächsischen) entwickelt wurde, hatte
diese Rune nunmehr den Lautwert $\bar{\alpha}$ bzw. $\bar{e}$. — In der
Inschrift des Themse-Messers ist diese Runenform stark
vereinfacht.

Fig. 3 Futhork der Alcuin-Handschrift

3. Die normale Form der anglo-friesischen *k*-Rune ist
durch das Bestreben nach Einstabigkeit entstanden. Eine
ältere Form (unsicher ob ⟨ oder ⋏) findet sich noch in
der Skanomodu-Inschrift (§ 73).

4. Die *h*-Rune (vgl. Fig. 1) hat in den anglo-friesischen wie in den südgermanischen (deutschen) Inschriften die Form mit zwei Querstrichen; nur auf dem Grabstein von Sandwich (gegen 650) begegnet eine Form
mit nur einem Querstrich wie in den gotisch-nordischen
Inschriften.

5. Die *j*-Rune, die indessen in keiner einzigen Inschrift
begegnet, hat die Form eines von einem Stab durch-
kreuzten kleinen Vierecks, das auf dem Themse-Messer zu
einem einfachen Querstrich entstellt ist. In den anglo-

friesischen Inschriften (und in der ahd. Handschrift von
Wessobrunn) wird statt dessen für den Laut *j* das Zeichen ✳
verwendet, das als Binderune $\widehat{gi}$ aufgefaßt werden kann,
möglicherweise beeinflußt durch eine im Norden zeitweilig
verwendete Form der *j*-Rune.

6. Die alte Eibenrune ʃ hat im englischen Futhork zunächst den Lautwert *i* behalten, später, im Northumbrischen, aufgrund des Namens *īh* auch = *ch*.

7. Die urgermanische *z*-Rune Ψ hat im ags. Futhork
den Lautwert *x* angenommen.

8. Die *s*-Rune hat zumeist die alte Form mit gewissen
Varianten beibehalten; nur auf dem Themse-Messer und in
einigen wenigen anderen Inschriften zeigt sich eine durch
das handschriftliche *s* beeinflußte Form.

9. Die *ing*-Rune hat die Form eines Gitters, offenbar entstanden aus einer Verlängerung der alten Form, wie sie auf
dem Brakteaten von Vadstena (§§ 8; 18) auftritt (vgl. auch
Fig. 1).

10. Die normale Form der ags. *d*-Rune zeigt ein Über-
greifen der beiden Stäbe über das Mittelkreuz.

11. Schließlich ist der *i*-Umlaut des *u* (*y*) am Schluß
der ganzen Reihe durch die *u*-Rune mit Einsatz einer
einfachen oder variierten *i*-Rune gekennzeichnet.

Das Futhork von 33 Zeichen, das außer in handschrift-
lichen Aufzeichnungen in northumbrischen (nordangli-
schen) Inschriften verwendet wird, zeichnet sich vor allem
durch mehrere qualitativ verschiedene Formen der *k*- und
der *g*-Rune aus, ferner durch Schaffung (nach Muster des
lateinischen Alphabets) einer *q*-Rune, durch ein besonderes
Zeichen für die Lautgruppe *st* (in Inschriften nicht sicher
bezeugt) sowie durch besondere Runen für die Diphthonge
eo und *io*.

Als Muster für das 33typige Futhork möge die Runenreihe des Cod. Cotton. Otho B 10 dienen, die auch die
Runennamen enthält.

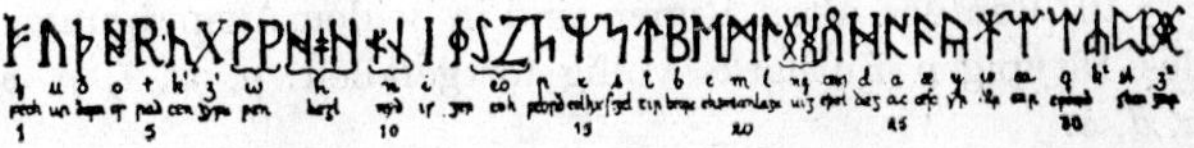

Fig. 4 Futhork des Cod. Cott. Otho B 10

§ 9. Im Norden geriet das 24typige Futhark etwa seit dem
Ausgang des 6. Jh.s n. Chr. ins Wanken: Die Sprache,
bis dahin als urnordisch bezeichnet, erlitt von dieser
Zeit an außerordentlich starke Veränderungen sowohl im
Vokal- wie im Konsonantensystem und in den schwach
betonten Silben. Erwähnt seien hier nur die Erscheinungen
des Umlauts und der Brechung, die Wandlung des stimm-
losen þ zu stimmhaftem ð im In- und Auslaut und die
Verkürzung langer bzw. der Schwund gewisser kurzer
Vokale im Auslaut. Unter diesen Umständen bildete sich
mit der Zeit eine in Form und Bedeutung neue Runenreihe
heraus, die aber — im Gegensatz zu der anglo-friesischen —
nicht in einer Erweiterung sondern in einer Verkürzung
bestand. Nach den Zwischenstadien einer gewissen Übergangszeit (vgl. § 46) war etwa gegen Ende des 8. Jh.s das
jüngere nordische Futhark von nur 16 Zeichen voll aus-
gebildet.

Es tritt in Norwegen und Schweden unter zwei verschiedenen Gestalten auf, von denen die typologisch ältere
früher meist als „dänische Runen" bezeichnet wurde, weil
nur diese Form in den dänischen Inschriften erscheint.
Da aber der Ausgangspunkt dieser Art von Runen gerade
in Norwegen und Schweden liegt, während uns in Dänemark etwa von der Mitte des 6. Jh.s an bis in das 8. Jh.

überhaupt keine originalen Runeninschriften bekannt sind (doch vgl. § 78), nennt man diese Form der Runen richtiger die „gewöhnlichen nordischen Runen".

§ 10. Von den alten Runen sind in beiden Ausprägungen des 16typigen Futharks völlig fortgefallen: *g, w, ï, p, e, n, d, o.*

Die ehemalige R. 4 *a* wird zunächst aufgrund ihres Namens urnord. **ansuʀ [q̣suʀ]* zur Bezeichnung des nasalierten *q̣*, später in den schwedischen und norwegischen Inschriften (etwa von der Mitte des 11. Jh.s an) zu *o.*

Die ehemalige *j*-Rune erhält bereits vom Anfang des 7. Jh.s an den Lautwert eines oralen (unnasalierten) *a*, weil der Name urnord. **jāra* inzwischen lautlich zu **ār(a)* geworden war.

Die ehemalige R. 15 *z* bzw. ʀ wurde im jüngeren Futhark als R. 16 an den Schluß der ganzen Reihe gestellt.

In dieser jüngeren Runenreihe wird vielfach nicht mehr der einzelne Lautwert durch eine bestimmte Rune bezeichnet, sondern gleichsam nur ein Streifen aus dem Lautspektrum.

So bezeichnet nunmehr

die *u*-Rune die Lautwerte *u, y, o, ö* und *w*;

die *i*-Rune die Lautwerte *i, e, æ* und *j*;

die *a*-Rune die Lautwerte *a* und *æ*;

die *þ*-Rune sowohl stimmlos *þ* wie stimmhaft *ð*;

die *k*-Rune *k, g, ng*;

die *h*-Rune im Anlaut den Hauchlaut *h* und im Inlaut oft den stimmhaften Reibelaut *gh*;

die *t*-Rune sowohl das stimmlose *t* wie den stimmhaften Verschlußlaut *d*;

die *b*-Rune *b* und *p* (so schon auf dem Brakteaten von Vadstena aus der Mitte des 6. Jh.s, vgl. § 7);

die R-Rune zunächst, wie zumindest schon in der spät-
urnordischen Periode, einen stark palatalen, aus einem
stimmhaften Zischlaut [z] hervorgegangenen r-Laut, der
aber im Lauf der WZ stufenweise mit dem altererbten r-
Laut zusammenfiel, in den norwegischen Inschriften, etwa
seit dem 10. Jh. nach dem Namen yr den Lautwert y an-
nahm, schließlich in einem eng begrenzten Gebiet zwischen
Västergötland und Jütland aufgrund des Namens ælgr
(§ 16) zur Bezeichnung von æ und e benutzt wurde.

Diese jüngeren nordischen Runen haben sich durchweg
aus den älteren Formen des 24typigen Futharks entwickelt, und zwar vor allem in dem Bestreben nach Einstabigkeit jeder Rune.

§ 11. Der ältere Typus der jüngeren nordischen Runen,
die „gewöhnlichen nordischen (dänischen) Runen", die
über Norwegen, Schweden und Dänemark verbreitet waren,
haben — mit Berücksichtigung der wichtigsten Varianten—
folgende Formen:

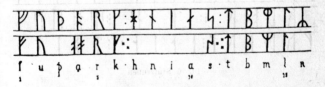

Fig. 5 gewöhnliche (dän.) nord. Runen

Das oben erwähnte Prinzip der Einstabigkeit zeigt sich
besonders in der formalen Entwicklung der Runen k, h,
a, m, die dadurch eine z. T. sehr stark abweichende Form
von den entsprechenden altgermanischen Runen erhalten
haben. Nur die s-Rune zeigt noch zwei senkrechte Kurz-
stäbe.

§ 12. Die nur in Schweden und Norwegen beheimateten
,,Stutzrunen" (schwedisch-norwegische Runen) sind struk-
turell von den ,,gewöhnlichen" (dänischen) Runen nicht
unterschieden. Nur in der Form zeigen sich einige grundsätzliche Veränderungen, indem bei einigen Runen die
Zweigteile stark verkürzt werden: So verlaufen z. B. die
Zweige bei den Runen für *n* und *a* sowie für *t* je nur auf
einer Seite des Stabes; die Mittelteile der Runen für *h*
und *m* werden zu kleinen waagerechten oder schrägen
Strichen vereinfacht; die Runen für *s* und *R* behalten von
ihrer früheren Gestalt lediglich einen Halbstab, nämlich
für *s* einen Halbstab oben, der gelegentlich an seiner Basis
durch einen Punkt oder einen kleinen Strich abgeschlossen
werden kann, während die *R*-Rune nur den unteren Halbstab behält. Weitere Varianten findet man in dem bei-
stehenden Schema.

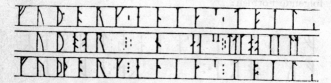

Fig. 6 Stutzrunen

Die Stutzrunen wurden vor allem im 9. und 10. Jh. verwendet, treten aber gelegentlich auch später auf, z.B. auf
dem Ring an der Kirchentür von Forsa in Hälsingland um
1100 (§ 108) oder auf einer Schieferplatte von Maughold
(Insel Man) aus der 2. Hälfte des 12. Jh.s. In Norwegen
entwickelt sich ein eigenes Alphabet durch Vermischung
der gewöhnlichen Runen mit den Stutzrunen und unter
Verwendung punktierter Runen (§ 14).

§ 13. Die letzte Verkürzung erlebten die jüngeren nordischen Runen dadurch, daß nunmehr auch die Stäbe selbst fortgelassen wurden, wodurch das ganze System einen keilschriftartigen Eindruck erweckt.

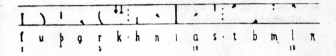

Fig. 7 Stablose Runen

Diese „stablosen Runen" wurden früher als Hälsinger-Runen bezeichnet, weil Inschriften dieser Art zunächst in Hälsingland (und in dem nördlich davon gelegenen Medelpad) gefunden wurden. Das umfangreichste Zeugnis dafür ist die Inschrift auf dem Stein von Malsta (§ 94); jedoch fanden sich später Inschriften mit gemischt stablosen Runen auch in südlicheren Landschaften Schwedens, z.B. auf dem Stein von Skarpåker in Södermanland. Auf alle Fälle sind die Inschriften mit stablosen Runen gering an Zahl. Es sei noch hinzugefügt, daß stablose r-Runen zwischen sonstigen Stutzrunen auf dem westgötischen Stein von Sparlösa (§ 86) und auf dem Holzstab von Alt-Ladoga (§ 85) begegnen.

§ 14. Weil die Bezeichnung der einzelnen Laute in den 16typigen Reihen so ungenau war (vgl. § 9), kam man zunächst in Dänemark — und zwar vielleicht unter dem Einfluß der altenglischen y-Rune (§ 8) — auf den Gedanken, durch Punktierung einzelner Runen eine genauere Lautbezeichnung zu gewinnen. Die beiden frühesten Zeug-

nisse (gegen Ende des 10. Jh.s) finden sich auf den beiden
mit König Sven Gabelbart in Zusammenhang stehenden
Inschriften von Heidaby (vgl. § 82). Diese Art der punktierten Runen breitet sich dann im 10. Jh. nach Schweden
und Norwegen aus, und im MA entsteht, von Norwegen
ausgehend, eine vollständig punktierte Runenreihe in alphabetischer Folge, wobei jedem lateinischen Buchstaben ein
Runenzeichen entspricht.

Fig. 8 Das punktierte Runenalphabet

Das erste datierte Zeugnis für die Verwendung des vollständig punktierten Runenalphabets findet sich auf der
kleineren Kirchenglocke von Saleby (Westgötland), deren
Inschrift selbst das Jahr 1228 angibt.

Eine besondere Form des punktierten Runenalphabets
entwickelte sich auf Gotland. Grabsteine, Kirchengeräte,
darunter das Taufbecken von Åkirkeby in Bornholm
(jedoch in gutnischer Sprache) sowie Runenkalender be-
dienen sich bis tief in die Neuzeit dieses Alphabets. Die
letzten Denkmäler mit volkstümlich erhaltenen, jedoch
mit lateinischen Buchstaben vermischten Runen, sind
bäuerliche Geräte in Dalarna bis gegen Ende des 19. Jh.s
(vgl. § 108).

3. Runennamen und Verwandtes

§ 15. Für die ursprünglichen Runennamen gibt es keine authentische Überlieferung; wir sind dafür auf verhältnismäßig späte handschriftliche Quellen angewiesen. Am besten überliefert sind dabei die Namen der dänischen Runen im 16typigen Futhark der WZ: Die älteste Quelle dafür ist eine in Leiden aufbewahrte Handschrift aus dem 10. Jh., deren Runennamen (in Runen und in lateinischer Umschrift gegeben) aus sprachlichen Gründen spätestens der Zeit gegen 800 angehören müssen. Zu dieser Gruppe gehören auch die dänischen Runennamen in einer Handschrift des Britischen Museums (Cod. Cotton. Galba A 2, etwa um 1000).

Eine besondere Stellung innerhalb dieser Gruppe nimmt die aus Fulda stammende Handschrift Nr. 878 aus St. Gallen ein (10. Jh.). Sie enthält die Namen der 16typigen dänischen Runenreihe in Form von primitiven Merkversen (Abecedarium Nordmannicum), die in einem Gemisch von Niederdeutsch, Hochdeutsch, Angelsächsisch und Nordisch verfaßt sind. Die Formen der Runennamen sind etwas jünger als die des Cod. Leidensis, stammen also vermutlich aus dem Anfang des 9. Jh.s. Die norwegischen Runennamen kennen wir aus einem wohl bald nach 1200 verfaßten Runengedicht, die isländischen Runennamen aus einer Runenreimerei um 1300.

Alle die soeben genannten und noch einige weitere Quellen bieten uns also nur die Namen des 16typigen Futharks. Für die Namen der übrigen 8 Runen des germanischen Futharks von 24 Zeichen sind wir auf indirekte Quellen angewiesen:

Die sogenannte Salzburg-Wiener Alcuin-Handschrift aus dem 10. Jh. enthält ein ags. Futhork von 28 Typen (vgl. oben § 8) unter Hinzufügung der altenglischen Runen-

namen, worin also auch die Namen für die restlichen acht
Runen des germanischen Futharks, freilich in altenglischer
Form enthalten sind.

Eine jetzt verlorene Handschrift des Britischen Museums (Cod. Cottonianus Otho B. 10) enthält die Runenformen, ihre Lautwerte und Namen samt einem Runengedicht in Stabreimform auf der Grundlage des 33typigen
Futhorks (oben § 8), mithin wiederum die Namen jener acht
im 16typigen Futhark fehlenden altgermanischen Runen.

Die Salzburg-Wiener Alcuin-Handschrift bietet außer
dem altenglischen Futhork noch zwei Reihen der gotischen
Buchstaben Ulfilas, davon eine Reihe mit deren Namen,
freilich in sehr entstellter Form. Wie diese angeblich got.
Buchstabennamen nach Salzburg gelangt sind, ist umstritten: entweder durch einen Goten aus Südfrankreich
oder durch Vermittlung des Erzbischofs Arno von Salzburg
aus Italien. Auf alle Fälle dürfen wir auch hierin eine Quelle
für die Feststellung der ältesten Runennamen erblicken.

Schließlich sind hier noch zahlreiche mehr oder minder
voneinander abweichende Abschriften oder Nachbildungen
der angeblich von Hrabanus Maurus (Bischof von Fulda
822—842) erschaffenen Runenreihen in alphabetischer
Ordnung zu nennen.

§ 16. Durch einen Vergleich der zuvor genannten Quellen
und unter Verzicht auf willkürlich gewählte, von den Quellen
nicht gestützte Formen lassen sich für das germanische
Futhark aus dem Anfang des 1. Jh.s n. Chr. 24, sämtlich
erschlossene, Namen gewinnen, die in der nachstehenden
Tabelle an der jeweilig ersten Stelle erscheinen. Davon
dürfen 20 als sicher oder doch in hohem Grade wahrscheinlich gelten.

Man beachte, daß in einigen Fällen der alte heidnische
Name durch einen neutralen Namen ersetzt worden ist; das

gilt besonders für „Ur", „Thurse", „Ase", „Lauch". Daß
dieser letztgenannte wirklich der älteste Name der *l*-Rune
ist, geht einmal daraus hervor, daß in den ältesten Runeninschriften das Wort *laukaʀ* (in der übertragenen Bedeutung
„Gedeihen") eine große Rolle spielt (§ 38), der Begriff
„Wasser" (ae. *lagu*, an. *lǫgr*) dagegen nirgends; sodann aus
der Tatsache, daß in dem sog. Hrabanischen Alphabet einer
Regensburger Handschrift (Cod. Ratisbonensis) des 10. Jh.s
die *l*-Rune den Namen *lin* trägt, womit sich die Doppel-
formel *lina laukaʀ* auf dem Schrapmesser von Fløksand
(§ 51) vergleichen läßt. — Die Eibenrune ⟨ *i* Nr. 13 ist
mit der Eisrune | *i* Nr. 11 später in ihrer Lautgeltung
zusammengefallen und schon z. Zt. der ältesten Runeninschriften im Aussterben begriffen. In ihrer Lautgeltung
als *i* ist sie noch sicher bezeugt auf dem Brakteaten I
von Nebenstedt (§ 40), auf der Fibel von Freilaubersheim (§ 72) sowie auf einigen altenglischen Runendenkmälern.

Die einzelnen Runennamen sind äußerlich nach dem
akrophonischen System gewählt, indem der Anlaut eines
jeden Namens den Lautwert der Rune bezeichnete. Nur
bei der Elch-Rune **algiz* gibt normalerweise der Auslaut -*z*
(urn. ʀ) den Lautwert der Rune wieder, weil es im
Altgermanischen kein Wort mit anlautendem *z*- gab.
In der WZ wird indessen, zufrühest in norwegischen Inschriften, der Name *ýr* (< **īwaʀ*) mit dem Lautwert *ü*
von der Eibenrune auf die Elch-Rune übertragen, wodurch das akrophonische Prinzip auch für diese Rune
hergestellt wurde. Daneben scheint in der WZ der alte
Name der Elch-Rune, nunmehr in der alt-ostnordischen
Form **ælgʀ* in einigen südschwedischen und dänischen
Inschriften noch fortgelebt zu haben, weil in diesen Inschriften die Elch-Rune noch den Lautwert *æ* bzw. *e* darstellt (vgl. L. Wimmer, Die Runenschrift, 244 f.).

Übersicht über die Runennamen (vgl. § 16)

	germ.	aengl.	got.	adän.	anorw.	aisl.
f	*fehu* Vieh, Fahrhabe	*feoh*	*fe*	*fiu*	*fiu*	*fé*
u	*úruz* Ur, Auerochs	*úr*	*uraz*	*urr*	*urr*	*úrr* Schlacke bzw. Staubregen
þ	*þurisaz* Thurse, Riese	*þorn* Dorn	*thyth* Gutes	*þurs*	*dhurs*	*þurs*
a	*ansuz* Ase	*ós* Mund	*aza* Achse?	*aus* Ase	*aus*	*óss* Mündung bzw. Ase
r	*raidô* Ritt, Wagen	*rád* Ritt	*reda*	*raiþu*	*reidu*	*reið* Ritt
k	*kaunan?* Geschwür	*cén* Kienfackel	*chozma* Geschwür	*kaun*	*caun*	*kaun*
g	*gebô* Gabe	*gyfu* Gabe	*genua*	—	—	—
w	*wunjô?* Wonne	*wen, wynn*	*uuinne* Wonne, Weide?	—	—	—
h	*hagla-* Hagel	*hægl*	*haal*	*hakal*	*hagal*	*hagall*
n	*naudiz* Not	*nyd*	*noicz*	*nauþr*	*nauþr*	*nauðr*
i	*eisaz?, ïsaz* Eis	*is*	*iiz*	*is*	*is*	*íss*

j	*jēran* (gutes) Jahr	*gér*	*gaar*	*ar ae* (!)	*ár*
i	*ī(h)waz* Eibe	*éoh, th*	—	*ir ir* Zur Namensübertragung s. o.	*ýr*
p	*perþō* ?	*peorð*	*pertra*	—	
z	*algiz?* Elch	*eolhx* ?	*ezec* ?	*ælgR*	
s	*sōwelō* Sonne	*sigel*	*sugil*	*sulu solu*	*sól*
t	*teiwaz, tiwaz* Himmelsgott	*T'(w) tîr* Mars bzw. Ehre	*tyz*	*tiur iu* (!)	*Tŷr* Kriegsgott
b	*berkanan* Birkenreis	*beorc* Birke	*bercna*	*biarkan biercan*	*bjarkan*
e	*ehwaz* Pferd	*eoh*	*eyz* ?	*eor* Cod. Ratisb.	
m	*mannaz* Mensch	*man*	*manna*	*manr manr*	*maðr*
l	*laukaz* Lauch	*lagu* Wasser	*laaz* Wasser?	*lauka laucr* Lauch	*lógr* Wasser
ŋ	*Ingwaz* Fruchtbarkeitsgott	*Ing*	*enguz*	—	
d	*dagaz* Tag	*dæg*	*daaz*	—	
o	*ōþala-, ōþila-* Erbbesitz	*ǣðel, éðel* Heimat	*utal*	—	

§ 17. Die Reihenfolge des Futharks ist ihrer Bedeutung nach unklar, zumal sie in den verschiedenen Quellen (§ 15) in Einzelheiten abweicht. Immerhin ist es wohl kein Zufall, daß die zwei Runen, die sich auf das Bedeutungsfeld „Besitz" erstrecken, die Eckpfeiler der Runenreihe bilden: R. 1 *fehu* und R. 24 *ōþalan* (§ 16).

Abgesehen von diesen beiden Runen erscheint es möglich, alle Runennamen kultisch zu erklären und auf folgende Gruppen zu verteilen:

1. Anthropomorphe Wesen: Thurse; A(n)se; Týr; Mann, Mensch (vgl. den göttlichen Mannus als Vater der drei altgermanischen Kultverbände bei Tacitus); Ing, der eponyme Gott der Ingwäonen, etymologisch verwandt mit westtocharisch [ma. Sprache in Chines. Turkestan] *eṅkwe* „Mann als Geschlechtswesen".

2. Theriomorphe Gottheiten: Ur; Elch (in einem Skaldengedicht des 10. Jh.s wird Odin noch als *Elgr* bezeichnet, und die wandalischen Naharnavalen verehrten nach Tacitus ein göttliches Dioskurenpaar *Alces* „Elche"); Pferd (*ehwaz*).

3. Kultische Pflanzen: Eibe; Birkenreis; Lauch.

4. Witterungserscheinungen: Hagel; Eis; (gutes) Jahr; Sonne; Tag.

5. Schadenbringende, ungreifbare Mächte: Geschwür, Krankheit (*kaunan*); Not (Schicksalszwang).

6. Sonstige mit dem Kult zusammenhängende Erscheinungen: Ritt oder Wagen (Kultwagen?); Gabe (an die Götter? vgl. die Inschrift von Kragehul § 50); Wonne (?).

Unklar ist der Name der *p*-Rune *perþō* (§ 16), nach C. Marstrander aus dem Keltischen entlehnt: kymr. *perth* f. „Busch", wozu auch gallischer Göttername *Perta*.

Es fällt auf, daß die bekannten Götternamen der historischen Zeit fast völlig fehlen, daß vielmehr offenbar ältere
Gottheiten in den Runennamen auftreten. So fehlen etwa
Wodan (an. *Óðinn*) als der spätere Hauptase; Donar
(ahd. run. *Þonar*, an. *Þórr*); Fro (an. *Freyr*), im Kultus
der Nachfolger des Ing.

Unter den Pflanzennamen ist hier besonders die Eibe zu
nennen, weil nach Ansicht einiger Forscher der Welten-
baum *Yggdrasil* ursprünglich nicht eine Esche, sondern
eine Eibe war. Über den Namen „Lauch" vgl. § 16.

§ 18. Sowohl bei der Wiedergabe des älteren Futharks
von 24 Typen (§ 7) und des jüngeren Futharks von 16
Typen (§§ 11, 12) wurde eine Dreiteilung vorgenommen,
und zwar in der 24typigen Reihe von 3 mal 8 Runen, in
der 16typigen Reihe von 6 + 5 + 5 Runen. Ein jedes
dieser Drittel wurde auf Island seit dem 17. Jh. als *ætt*
bezeichnet, was von Haus aus vielleicht „Achtel" (: aisl.
áta „acht") bedeutete und dabei natürlich nur für die
24typige Reihe gelten konnte, in späterer Zeit aber im
Sinne von „Geschlecht" (aisl. *ætt*) aufgefaßt und in diesem
Sinne in der altirischen Geheimschrift Ogom mit dem
altir. Worte *aicme* „Geschlecht" lehnübersetzt wurde.
Im Isländischen unterschied man — abweichend von den
alten Runennamen — eine *Freys*-, eine *Hagals*- und eine
Týs-ætt.

Authentisch überliefert ist uns eine solche Einteilung
in *ættir* zufrühest im 6. Jh. auf den Brakteaten von Vadstena (§ 10) und Grumpan.

§ 19. Die *ættir* wurden vor allem für Geheimrunen verwendet. Solche Geheimrunen sind uns authentisch erst aus
dem 8. Jh. in England (s. u.) sowie in nordischen Runeninschriften mit der 16typigen Reihe bekannt: das be-

rühmteste Beispiel mit der Verwendung verschiedener
Systeme von Geheimrunen ist der Runenstein von Rök

2:5   2:4 3:6 3:2 1:3   3:2 3:6 1:3 2:3 2:2 2:3   3:3   3:5   3:2

Fig. 9 Geheimrunen von Rök

(§ 87). Daß solche Geheimrunen aber bereits in den Zeiten
des 24typigen Futharks bekannt waren, wird durch einen
in verschiedenen Varianten überlieferten Traktat des
Hrabanus Maurus bewiesen (vgl. R. Derolez, 120 und
131ff.). Die meisten dieser Systeme beruhen darauf, daß
die betreffende Rune nicht mit ihrem eigenen Zeichen
wiedergegeben wird, sondern durch Angabe der ǽtt,
zu der sie gehört, sowie durch die Stelle innerhalb
dieser ǽtt.

Von den verschiedenen Systemen seien hier nur einige
genannt: Bei den ,,Is-Runen" dient ein kurzer senkrechter
Strich zur Bezeichnung der ǽtt, ein langer Strich für die
Bezeichnung der Stelle innerhalb dieser ǽtt. Hrabanus
benutzt als Musterbeispiel seinen eigenen latinisierten
Namen in der Genitivform *Corui*, wobei *c* für *k* steht. Der
erste Buchstabe *k* dieses Namens wird von ihm im System
der ,,Is-Runen" mit |. |||||| wiedergegeben. Der zweite *o*
mit |||. |||||||||. Man kann also diese beiden Buchstaben
schematisch durch 1 : 6, bzw. 3 : 8 umschreiben. Statt
verschieden langer Striche können aber auch beliebig andere Zeichen verwendet werden, z.B. auf dem Stein von
Rök (Fig. 9, rechte Gruppe =þur) oder im letzten Wort **il**
der Inschrift von Kingigtorssuaq (§ 114).

Eine zweite Art sind die „Zweigrunen": Sie bestehen aus einem senkrechten Stab, an dem links durch aufwärts oder abwärts verlaufende Zweige die *ǽtt*, rechts nur durch aufrecht stehende Zweige die Stelle innerhalb der *ǽtt* angegeben wird. Inschriftlich ist diese Art uns vor allem wiederum auf dem Rök-Stein (Fig. 9, linke Gruppe) sowie in einer der Inschriften in der Höhle von Maeshowe (§ 112) bekannt.

Nur geringfügig abweichend sind davon die „Hahal-Runen" (nach Derolez 133 zu ahd. *hāhala* „Kesselhaken"): hier beginnen die beiderseitigen Zweige an der Spitze des Stabes und sind nach unten geneigt. Authentisch sind uns die „Hahal-Runen" (in der Deutung unverständlich) auf dem Steinkreuz von Hackness (Yorkshire, 8. Jh.) neben gewöhnlichen Runen und lateinischen Buchstaben bezeugt.

Es ist noch hinzuzufügen, daß bei den Geheimrunen der WZ die an sich letzte *ǽtt* (Týs-ætt) meist als erste *ǽtt* gilt, die an sich erste *ǽtt* (Freys-ætt) als dritte. So wurde also z. B. *k* als 3 : 6, *b* als 1 : 2 bezeichnet.

Auf einem grundsätzlich anderen Prinzip beruhen die „Verschiebe-Runen" auf der Rückseite des Röksteines (§ 87): hier wird jede Rune durch die ihr im 16typigen Futhark unmittelbar vorangehende Rune ersetzt, so z. B. das Wort **sakum** (= aschwed. *saghum* „wir sagen") durch **airfb**.

§ 20. Die Runen waren nicht nur Lautzeichen (für Vokale und Konsonanten), sondern konnten mindestens grundsätzlich auch Begriffswerte darstellen, die in der Regel durch den Namen der betr. Rune (§ 16) angedeutet waren. Unter den uns erhaltenen Denkmälern finden sich freilich nicht sämtliche Runen eindeutig auch als Begriffsrunen; immerhin ist für einige Runen die Begriffsgeltung gesichert.

Auf dem Stein von Gummarp (§ 68) tritt die dreifach gesetzte *f*-Rune in der Bedeutung *fehu* „Fahrhabe" auf. Noch eindeutiger ist die Verwendung der *j*-Rune im Sinn von „gutes Jahr" auf dem Stein von Stentoften (§ 68). Die *l*-Rune findet sich mit der Geltung *laukaʀ* „Lauch" = „Gedeihen" auf dem Schrapmesser von Gjersvik. Die *i*-Rune *ïs* „Eis" ist auf dem eine Beschwörung gegen Krankheit enthaltenden Kupferamulett von Sigtuna (§ 36) sowohl mit dem ausgeschriebenen Namen *ïsiʀ* (Pl.) wie als Begriffsrune „Eis" = „tückisches Verderben" verwendet. Das Beinamulett von Lindholm (Schonen, vgl. § 40) hat neben einer in Lautrunen geschriebenen Zeile eine zweite Zeile, in der außer dem Formelwort *alu* (§ 38) nur Begriffsrunen verwendet werden. Die *a*-Rune *a(n)suʀ* scheint als Begriffsrune „Asengott" auf der Bronzestatuette von Frøyhov (Ostnorwegen, vgl. § 34) vorzukommen.

Schließlich sei hier noch erwähnt, daß vor der langen, gewöhnlichen nordischen Runen verfaßten Inschrift auf der Spange von Skabersjö (Schonen, vgl. § 79) 16 Elch-Runen (= „Abwehr?") geritzt sind. Auch in verschiedenen Texten der Edda wird oft auf Begriffsrunen hingewiesen.— Die *m*-Rune in der Form Y wird in altisländischen Handschriften im Sinne von *maðr* „Mann" oft verwendet, entsprechend die *o*-Rune ᛟ im Sinne von *œðel* „Heimat" in altenglischen Handschriften.

4. Alter und Herkunft der Runen

§ 21. Die genaue Herkunft der Runenschrift ist noch immer stark umstritten. Dagegen ist man sich über die Entstehungszeit im großen und ganzen einig: Da die ältesten uns bisher bekannten Runeninschriften, besonders die Inschrift auf dem ostnorwegischen Lanzenblatt von Øvre

Stabu (§ 52) und auf einigen Gewandspangen (Fibeln) auf jetzt dänischem Boden dem Ende des 2. Jh.s n. Chr. zugerechnet werden dürfen, liegt es bei einem Vergleich mit der Entstehung anderer Alphabete, z. B. des griechischen, nahe, die Schöpfung der Runenschrift um ein bis zwei Jahrhunderte früher anzusetzen. Dazu stimmt auch die Beobachtung, daß das Vorhandensein von zwei i-Runen im ältesten Futhark darauf deutet, daß zumindest die Runennamen zu Beginn des 1. Jh.s n. Chr. geschaffen wurden, zu einer Zeit also, als die lautliche Entwicklung des urgermanischen Diphthonges ei von dem ursprünglichen Monophthong $\bar{\imath}$ (Runenname urg. *$eisaz$ gegenüber *$\bar{\imath}waz$) noch verschieden war (vgl. § 16).

Im übrigen ist damit zu rechnen, daß die Erfindung der Runennamen mit der Schaffung der Runenzeichen selbst ungefähr gleichzeitig war. Da die Runenformen und die Runennamen bereits in den ältesten Denkmälern überall als völlig gefestigt auftreten, darf man schließen, daß diese Formen und Namen nicht wesentlich von den ursprünglichen abwichen.

§ 22. Alle ernsthaften Forscher sind sich jetzt wenigstens darin einig, daß die Runen entweder insgesamt oder doch bis zu einem gewissen Umfang von einer der südeuropäischen Schriften abstammen. Dabei ist die zuerst von S. Bugge und kurz darauf von O. v. Friesen vorgelegte These von dem griechischen Ursprung der Runen jetzt im allgemeinen aufgegeben worden. Eine Ableitung der Runen aus der griechischen Minuskelschrift des 3. Jh.s n. Chr. (v. Friesen) ist schon deswegen unmöglich, weil die ältesten Runendenkmäler aus dem Ende des 2. Jh.s n. Chr., also vor dem ersten Zusammentreffen der Goten im Schwarzmeer-Gebiet mit der römischen Weltmacht, stammen. Neuerdings hat Aage Kabell 1967 den Versuch unter-

nommen, die Runen unter Annahme starker formaler
Abänderungen aus den altgriechischen Buchstaben her-
zuleiten, was aber nicht mehr als ein geistreicher Versuch ist.

§ 23. Sehr viel mehr Wahrscheinlichkeit hat die zuerst
von L. Wimmer (vgl. § 3) vorgetragene These von der Ableitung aller Runenzeichen aus der lateinischen Kapitalschrift der Kaiserzeit für sich: schon bei einem flüchtigen
Überblick fällt ja auf, daß die Runenformen vor allem
für *b* und *r* offenbar der lateinischen Kapitalschrift ent-
stammen. Aber der Versuch Wimmers, jede einzelne Rune
aus einem entsprechenden lateinischen Buchstaben herzu-
leiten, ist bald auf Ablehnung gestoßen. — Die Latein-
These wurde dann von H. Pedersen (1923) in modifizierter
Form aufgenommen, indem er auch das altirische Ogom
heranzog.

Der schwedische Forscher F. Askeberg dachte an die
Schöpfung der Runen bei den Weichselgoten im 2. Jh. n.
Chr. nach dem Vorbild des lateinischen Alphabetes. —
Schließlich hat E. Moltke angenommen (1951), daß die
Runen in den später dänischen Gebieten im 2. Jh. n. Chr.
als eine Art Urschöpfung, freilich unter gelegentlicher
Beeinflussung durch lateinische Buchstaben, entstanden
seien.

Die Latein-These, gleichgültig in welcher Ausformung,
hat entschieden den Vorzug, daß es eben die Großmacht
Rom wäre, deren Schrift auf die altgermanischen Stämme
mehr oder weniger stark einwirkte.

§ 24. Nachdem bereits K. Weinhold in seinem klassi-
schen Buch „Altnordisches Leben" (1856) an die Herkunft
der Runen aus einem etruskischen Alphabet, wenn auch
ohne jede nähere Begründung, gedacht hatte, versuchte

der norwegische Sprachwissenschaftler und Keltologe Carl
J. Marstrander (1928) den Nachweis zu führen, daß die
Runen von einem nordetruskischen Alphabet abstammten,
das seinerseits aus einem altgriechischen Alphabet entwickelt war. Die verschiedenen Gruppen dieser nordetruskischen Alphabete finden sich in Inschriften aus
dem südwestlichen, südlichen und östlichen Alpenvorland
aus der Zeit etwa vom 5. Jh. v. Chr. bis in den Anfang
des 1. Jh.s n. Chr. Völker verschiedener Sprachen bedienten sich dieses Alphabetes: Kelten, Etrusker und
Germanen.

Im allgemeinen hat die südwestliche Gruppe in den
Gebieten von Lugano und Sondrio (meist in lepontischer
Sprache, d. h. in einer Mischung von Keltisch und Etrus-
kisch) mit den Runen die größte Ähnlichkeit; aber auch in
der venetischen und norischen Gruppe finden sich einzelne
Buchstaben, die den entsprechenden Runen gleichen, sich
aber in den südwestlichen Gruppen nicht finden. So muß
man zugeben, daß ein genaues Muster für die Runen innerhalb der nordetruskischen Alphabete noch nicht aufge-
funden werden konnte.

Immerhin haben neue Funde nordetruskischer Inschriften, vor allem eine etruskische bronzene Schnabel-
kanne aus Castaneda (Kanton Graubünden, jedoch ganz
nahe der Grenze zum Kanton Tessin, 5. Jh. v. Chr.), und
einige von R. Egger entdeckte Inschriften in „norischer"
Schrift am Magdalensberg in Kärnten den Vergleich der
Runen mit nordetruskischen Buchstaben wesentlich ge-
stärkt. Dabei ist zu berücksichtigen, daß gerade in die
Südwestgruppe der nordetruskischen Inschriften etwa von
dem 2. Jh. v. Chr. an verschiedene lateinische Buchstabenformen in die an sich nordetruskischen Inschriften ein-
drangen und daß auf diese Weise lateinische Buchstaben
auch in das Runen-Futhark Eingang fanden.

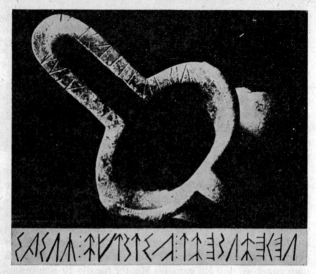

Fig. 10 Inschrift von Castaneda
(Fot. Mus. Chur)

Im übrigen wurde von dem Finnländer M. Hammarström (1929) die These von der nordetruskischen („norditalischen") Herkunft der Runen weiter ausgebaut.

§ 25. Im einzelnen sei hier über die Ableitung der Runen von nordetruskischen (norditalischen) Buchstaben kurz folgendes bemerkt:

1. Sicher der nordetruskischen Alphabetgruppe entlehnt sind die fünf Runen u, a, h, s und l.

Dabei hat das nur in den venetischen Alphabeten und auf dem Helm B von Negau (Steiermark) bezeugte h drei Querstriche, während die entsprechende Rune in den süd- und westgermanischen Inschriften nur zwei, im gotischen und nordischen Futhark schließlich nur noch einen Querstrich besitzt. Bemerkt sei noch, daß im norischen Alphabet das *h* die noch ältere, altgriechische Form mit drei waagerechten Querstrichen aufweist.

Auch die Form der *l*-Rune findet sich nur in den venetischen Alphabeten, während die Runen für *u, a* und *s* in der Südwestgruppe der nordetruskischen Alphabete die genaueste Entsprechung mit den Runen aufweisen.

2. Mit hoher Wahrscheinlichkeit darf man auch die vier Runen für *k, z* (*R*), *t* und *o* aus nordetruskischen Buchstaben ableiten.

Zwar zeigt das nordetruskische *z* die beiden Zweigpaare in paralleler Stellung (vgl. Fig. 10); doch kann die gegenständige Anbringung der *z*-Rune auf der Fibel von Charnay (und vielleicht auf der von Balingen) auf sekundärer Umgestaltung (vgl. u. § 27) beruhen. In den übrigen Runeninschriften ist nur noch ein Zweigpaar nach oben oder nach unten geblieben. Auf einer Urne von Arbedo (Tessin) findet sich ein Zeichen von genau der Runenform mit gegenständigen Zweigpaaren; vom Ende des rechten unteren Zweiges geht ein etwas gewölbter Strich nach rechts oben: das könnte eine Buchstabenverbindung $\widehat{zu}$, aber auch nur eine Töpfermarke sein.

Die *k*-Rune von der Form eines aufrecht stehenden Winkels hat eine genaue Entsprechung in der linksläufigen Inschrift von Castaneda (Fig. 10) sowie in einer Inschrift von Sondrio. Sonst herrscht in den nordetruskischen Alphabeten die Form eines griechischen K vor.

Die *t*-Rune von der Form eines aufgerichteten Pfeils hat eine genaue Entsprechung wiederum — und zwar dreimal — in der Inschrift von Castaneda.

Die Form der Odal-Rune findet sich mehrfach in verschiedenen Gegenden des nordetruskischen Schriftgebrauchs, so z.B. auch in der norischen Schrift; die gewöhnliche Form des nordetruskischen *o* besteht freilich aus einem auf der Spitze stehenden Rhombus.

3. Eindeutig auf lateinische Buchstabenformen gehen die fünf Runen für *f, r, b* sowie, mit leichter Modifizierung, für *e* und *m* zurück.

4. Sowohl der lateinischen wie der nordetruskischen
i-Form entspricht die *i*-Rune.

5. Nicht überzeugend ableitbar sind die neun Runen für
þ, g, w, n, j, ï, p, ŋ (ng) und *d*.

Die *þ*-Rune hat man meist aus lateinisch D erklärt.
J. Whatmough (The Prae-Italic Dialects of Italy, Bd. II
[1933] S. 33ff.) wollte einem mehrfach in den rätischen Inschriften von Magré begegnenden Zeichen von der Form
eines Stabes mit zwei bis vier Buckeln den Lautwert *þ* zu-
legen und eben davon die Rune ableiten.

Die *g*-Rune könnte allenfalls dem formgleichen gallischen Zeichen mit dem Lautwert *ch* entlehnt sein.

Die Eiben-Rune könnte einfach eine Modifizierung der
Eis-Rune sein.

Die *n*-Rune ist allenfalls durch Vereinfachung des lateinischen N zu erklären.

Die *d*-Rune gleicht formal einem offenbar nordetruskischen Zeichen in dem sonst lateinisch geschriebenen ersten
Teil der Bilingue von Sondrio, das als *š* umschrieben wird.
In dem zweiten, nordetruskischen Teil der gleichen Inschrift
wird dieses Zeichen anscheinend nur durch fünf Punkte
charakterisiert.

Die *j*-Rune (in der ältesten Gestalt aus zwei ineinander
greifenden Halbkreisen bestehend) wird oft aus lateinisch
G abgeleitet; über eine andere Erklärungsmöglichkeit —
ebenso für die Ing-Rune — s. u. § 27.

Völlig unklar bleibt die Herleitung der Runen für *w*
und *p*.

Aus dieser Übersicht geht hervor, daß die nordetruskischen Alphabete, wenn auch keineswegs für alle Fälle,
die formal größte Ähnlichkeit mit den Runen haben.

§ 26. Abgesehen von der Übereinstimmung einer Reihe
einzelner Runen mit nordetruskischen Buchstaben gibt es
noch zwei mehr allgemeine Erscheinungen, die Runen und

nordetruskischen Buchstaben gemeinsam sind: Wie oben
§ 4 bemerkt, ist in den älteren Runeninschriften die Schriftrichtung beliebig, nämlich entweder rechtsläufig oder
linksläufig oder in Pflugwenderichtung. Die gleiche Freiheit
besteht in den Inschriften in den nordetruskischen Alphabeten, während in dem für die Entstehung der Runen an-
zunehmenden Zeitraum sowohl die griechische wie die lateinische Schrift, von ganz wenigen Ausnahmen abgesehen,
nur rechtsläufig ist.

Sodann wurden bereits zur Zeit der ältesten Runendenkmäler Worttrenner verwendet (vgl. § 5), die zumeist
aus zwei bis drei übereinandergesetzten Punkten oder
kleinen senkrechten Strichen bestehen. Auch diese Eigen-
tümlichkeit tritt wiederum in den nordetruskischen Inschriften auf, während die lateinische Schrift zu jener Zeit
Worttrenner in Form von mehreren Punkten nicht kennt.

§ 27. Der Vergleich der einzelnen Runen mit entsprechenden nordetruskischen Buchstaben ergab, daß
bei weitem nicht alle Runenformen aus der nordetruskischen, mit lateinischen Buchstaben durchsetzten Schrift
erklärt werden können (§ 25,5). Selbstverständlich bleibt
in solchen Fällen die Annahme offen, daß der Schöpfer
der Runenschrift seine Runenreihe nicht sklavisch einem
bestimmten Musteralphabet entnahm, sondern mehr oder
weniger die eigene Phantasie zur Bildung neuer Zeichen
schweifen ließ, eine Annahme, die besonders der dänische
Runologe E. Moltke (Nat. Mus. Arb. 1951, 56) hervorgehoben hat. Eine solche Erklärung dieses oder jenes
Runenzeichens ist freilich im Grunde keine Erklärung.
Man wird daher doch bestrebt sein, auch bei zunächst für
unableitbar geltenden Runen irgendwelche Vorbilder oder
wenigstens Anregungsmuster aufzuspüren. Allerdings können die meisten bisher vorgebrachten Versuche dieser Art

kaum befriedigen, weil sie formal oder inhaltlich allzu gewaltsam sind.

Nun können wir die Beobachtung machen, daß in den älteren Runeninschriften bis in die WZ hinein die Runen gelegentlich in enger Verbindung mit außerrunischen Zeichen auftreten. Es sei hier zunächst an die ostgermanischen Speer- oder Lanzenblätter (§ 70) erinnert, die in Tauschiertechnik (Einhämmerung von Silberdraht in vorgeritzte Linien) verschiedene Ornamente und Sinnbilder, gelegentlich auch zusammen mit Runen enthalten. Ferner sei besonders hervorgehoben die Felszeichnung von Kårstad (§ 57 und Tafel IV), in der zwei Runenzeilen zwischen offenbar kultisch gedachten Schiffen verschiedener Altersstufen, einem Hakenkreuz mit doppelt geknickten Armen sowie vielleicht noch einem nicht näher bestimmbaren Sinnzeichen eingepunzt sind. Auf dem seeländischen Runenstein von Snoldelev (9. Jh.) ist über der Runeninschrift ein Hakenkreuz und eine Triskele (Dreiwirbel) in Form von drei sich kreuzenden Trinkhörnern angebracht. Auch die Runeninschrift selbst (§ 80) verrät kultisches Milieu. Außerdem ist diese Gesamtritzung über einem anscheinend lange zuvor eingemeißelten Sonnenrad angebracht.

In einigen Fällen schließt sich das betr. Sinnzeichen im Duktus und in der Größe genau den umgebenden Runen an: So zeigen einige zumeist aus abgekürzten magischen Formeln bestehende Brakteat-Inschriften (§§ 53—55) mitten zwischen den Runen ein im Duktus entsprechendes Hakenkreuz. Auf dem alamannischen Speerblatt von Wurmlingen (Tafel III) steht vor der Runeninschrift *Idorih* (Mannesname) ein stimmgabelartiges Zeichen, das im Duktus genau wie die folgenden Runen aussieht, jedoch zweifellos keine Rune, sondern ein uns unbekanntes Sinnbild ist.

Ähnliche Verhältnisse zeigen sich u. a. auf dem Sax von Steindorf, auf der Steinplatte von Kylver (§ 39) und auf dem Brakteaten II von Seeland (§ 55).

Mehrere hölzerne Pfeilschäfte aus dem Moor von Nydam (Nordschleswig) weisen Ritzzeichen auf, und zwar in einem Fall eine eindeutige Runenkombination, in anderen Fällen teils runengleiche, teils eindeutig außerrunische Zeichen (§ 50).

Sinnzeichen verschiedenster Art sind uns auf altgermanischem Gebiet lange vor der Zeit der Runen bekannt; und so fragt es sich, ob nicht im Hinblick auf diese Vergesellschaftung der wirklichen Runen mit alten Sinnzeichen die Möglichkeit besteht, einige sonst unerklärbare Runenformen von solchen Sinnzeichen abzuleiten. Im einzelnen ist freilich nichts zu beweisen. Daher genüge hier nur der Hinweis auf die Runen für *j* (zwei ineinandergeschobene Halbkreise) und *n* (in der ältesten Form ein kleiner Vollkreis), die sich kaum aus der nordetruskischen oder lateinischen Schrift erklären lassen.

Die *j*-Rune hieß im Urnordischen **jāra* „gutes Jahr" und könnte unter Hinweis auf ein mehrfach bezeugtes Sinnbild gleicher Form, z.B. auf einem Tongefäß von Havors (Gotland, Mitte des 4. Jh.s n. Chr.) das zweigeteilte Jahr versinnbildlichen. Der Gott Ing (urgerm. **Ingwaz*), der der betr. Rune den Namen gegeben hat, ist ein alter Fruchtbarkeitsgott, so wie der spätere nordische Gott Frey, der bei Kultfahrten durch das Land Fruchtbarkeit von Äckern und Vieh brachte. Sein Sinnzeichen könnte sehr wohl der Kreis zur Bezeichnung des ganzen Jahres sein. Auf dem burgundischen Lanzenblatt von Dahmsdorf (Mark Brandenburg, Mitte des 3. Jh.s) steht unmittelbar vor der Runeninschrift *ran(n)ja* „Anrenner" solch ein offenbar als Sinnbild gedachter Kreis. Es sei aber noch einmal darauf hingewiesen, daß alle derartigen Beziehungen nur unbeweisbare Vermutungen sind.

§ 28. Bei welchem germanischen Stamm und wo die
Runenschrift geschaffen und wie sie weiter zu den
anderen germanischen Stämmen gedrungen ist, bleibt unklar, zumal deswegen, weil wir über den Ursprung der
Runen nichts Sicheres wissen (vgl. § 22). Rechnen wir mit
der Schöpfung der Runenschrift in nachmals dänischem
Gebiet (§ 23), so könnte die Kunde von der lateinischen
Schrift durch einzelne Personen, die mit der Lateinschrift
vertraut waren, nach dem Norden gelangt sein. Schließen
wir uns dagegen der nordetruskischen These an, so müssen
wir wohl mit der Schöpfung der Runen bei irgendeinem
südgermanischen Stamm oder einzelnen von diesem ab-
gesplitterten Teilen rechnen.

Lange Zeit hat man an die Kimbern nach der Schlacht
bei Vercellae nördlich am oberen Po (101 v. Chr.) gedacht;
aber die äußere und innere Lage dieses Stammes nach
der vernichtenden Niederlage durch C. Marius scheint
nicht geeignet für eine geistige Schöpfung wie die der
Runen.

Eher könnte man an die Markomannen denken, die
zu Cäsars Zeit als Nachbarn der keltischen Helvetier am
Oberrhein saßen. Die gewaltige Ausdehnung des Marko-
mannenreiches zur Zeit Marbods im 1. Jh. n. Chr. ließe es
verstehen, daß die Runen sich von diesem Großreich aus
auf mehreren Wegen bis ins Gotenreich (Verwendung
einiger Runen in der gotischen Schrift Ulfilas) und bis in
den Norden Germaniens durchsetzten. Im einzelnen sind
diese Wege freilich nicht mit Sicherheit festzustellen; aber
einer dieser Wege wird wahrscheinlich über Mähren, Schle-
sien und Polen bis zu den germanischen Ostseevölkern
geführt haben. Bemerkenswert ist dabei die Tatsache,
daß uns die Runenschrift bei ihrem ersten Auftreten
überall bereits in einer ziemlich gefestigten Gestalt ent-
gegentritt.

Die Annahme einer Schöpfung der Runen bei den Markomannen würde zeitlich gut zu der auf anderem Wege gewonnenen Feststellung des Alters der Runen (§ 21) stimmen.

§ 29. Andererseits spricht gegen die nordetruskische These der Umstand, daß die ältesten Runeninschriften gerade in nordgermanischem Gebiet gefunden worden sind, während Runendenkmäler aus südlicheren Gegenden vor dem 5. Jh. n. Chr. nicht bekannt sind. Die von Tacitus, Germ. Kap. 10 erwähnten, auf Holzstäbchen eingeritzten *notae* sind kein sicheres Zeugnis für Runen, sondern können sehr wohl vorrunische Sinnzeichen (§ 27) gewesen sein.

Man darf auch nicht als Grund für das Fehlen alter südgermanischer Runeninschriften anführen, daß Holzstücke als Träger von Runen sich naturgemäß kaum über einen längeren Zeitraum hätten erhalten können: dagegen spricht der Umstand, daß wir ja aus dem Norden eine ganze Reihe von Runeninschriften auf Holz kennen und daß uns aus dem bronzezeitlichen Bergwerksgebiet der Kelchalpe bei Kitzbühel (Tirol) eine ganze Reihe von Holzstäbchen mit im einzelnen noch ungedeuteten Kerbzeichen erhalten sind (R. Pittioni, PBB 65, 1942, 373 ff.; W. Krause, GGA 1943, 241 ff.).

Zusammenfassend läßt sich über die Herkunft der Runen also sagen, daß vom kulturgeschichtlichen Standpunkt aus die Entstehung oder zumindest die Beeinflussung der Runen auf der Grundlage der Lateinschrift am wahrscheinlichsten ist, daß es aber andererseits nicht nur eine Theorie, sondern eine erwiesene Tatsache ist, daß kein südeuropäisches Alphabet in allgemeinen wie in einzelnen Zügen eine so bedeutende formale Übereinstimmung mit den Runen zeigt, wie die verschiedenen Gruppen des nordetruskischen Alphabets.

5. Materielle und geistige Anwendung der Runen

§ 30. Man darf wohl mit der Annahme rechnen, daß die Runen in ältester Zeit wesentlich in Holz eingeritzt wurden, weil dies die bequemste Art sowohl in bezug auf das Material wie auf die technische Durchführung war. Man hat auch längst darauf hingewiesen, daß sich eben daraus auch der Umstand erklärt, daß in der Runenschrift weithin runde und waagerechte Striche zugunsten von senkrechten und schrägen Strichen vermieden werden. Daß das Anbringen von Runen auf Holz zeitweilig durchaus gängig war, wird für das 6. Jh. durch ein Distichon in einem Brief des Venantius Fortunatus, Bischof von Poitiers, bewiesen, in dem er einem Freunde rät: „Schreib die barbarische Rune getrost auf eschene Tafeln: was der Papyrus vermag, tut der geglättete Zweig!"[1]

Von der Wikingerzeit an bis ins späte Mittelalter war es sehr beliebt, Runen zu Mitteilungen oder eigenen Vermerken in einen geschnitzten Holzstab zu ritzen. Im Original sind uns solche *rúnakefli* erst aus sehr später Zeit bekannt (vgl. § 111).

Neben Holz war Knochen ein beliebtes Material für das Ritzen von Runen, und zwar sowohl unbearbeitete Knochenstücke wie auch künstlich geformte Gegenstände, z. B. Kämme, Schrapmesser, Reliquienschreine, Amulette u. a. m. Ferner finden sich bereits in der ältesten Runenschicht Gegenstände aus Metall (Eisen, Bronze, Silber, Gold) und Ton (§ 69). Dagegen kam die Sitte, Runen auf Stein (auf Felswänden, Felsplatten oder auf größeren Einzelsteinen) anzubringen, anscheinend erst im 4. Jh. in Norwegen und Schweden auf. Die Runen konnten in die

---

[1] barbara fraxineis pingatur runa tabellis: quodque papyrus agit, virgula plana valet.

Steinfläche entweder eingemeißelt oder flach eingeklopft (gepunzt), in besonders weiches Gestein, z. B. auf dem Stein von Eggja (§ 60) auch mit einem scharfen Instrument eingeritzt werden. Nach Dänemark gelangte die Sitte der Gedenksteine erst zu Beginn der WZ (§ 80). In England finden sich seit Beginn des 7. Jh.s einige Runeninschriften auf Grabsteinen und auf Steinkreuzen (§ 76). Auf nachmalig deutschem Boden gibt es nur einen, und zwar in bezug auf die Echtheit zweifelhaften Fall von Anbringung einer Runeninschrift in einer Felshöhle (Kleines Schulerloch im Altmühltal).

Runen auf Pergament oder Papier konnten aus begreiflichen Gründen an sich schon erst spät auftreten; aber selbst zu einer Zeit, als dieses Material längst bekannt und in Gebrauch für Texte in lateinischer Schrift war, scheute man sich, besonders in den breiten Volksschichten, Runen auf Pergament oder Papier anzubringen. Von umfangreichen Texten dieser Art sei hier nur der sog. Codex Runicus, enthaltend das Gesetz von Schonen (gegen 1300), genannt, der aber nur eine gewissermaßen spielerische Nachbildung eines in lateinischen Buchstaben verfaßten Rechtstextes ist. Dazu kommt das Fragment einer — ebenfalls altdänischen — Marienklage. Gelehrte Aufzeichnungen der Runenreihen und der Runennamen sind uns bereits oben § 15 begegnet.

§ 31. Im übrigen ist noch festzustellen, daß die Runeninschriften, besonders in der älteren Schicht, fast durchweg nur sehr kurz sind, oft nur aus einem einzigen Worte, ja manchmal sogar nur aus einer einzigen Rune bestehen. Innerhalb der sog. urnordischen Inschriften gibt es nur drei, nämlich die Steine von Eggja, Stentoften und Tune, die mehr als 100 Runen zählen. Andererseits enthält die

längste bisher bekannte Runeninschrift überhaupt, die
auf dem ostgötischen Stein von Rök (Anfang des 9. Jh.s)
gegen 770 Runen (§ 87). In keinem Fall handelt es sich
bei den Runeninschriften — auch der späteren Zeiten —
um ausführliche, den Inhalt sachlich und erschöpfend
behandelnde Darstellungen etwa juristischen oder ge-
schichtlichen Inhalts, wenn sich auch gelegentlich An-
deutungen von juristischen oder historischen Verhältnissen
finden.

§ 32. In bezug auf den inneren Gehalt der Runeninschriften hat sich im Lauf der letzten Jahrzehnte ein
Streit über die Frage erhoben, in welchem Umfang die
Runeninschriften, besonders der älteren Schicht, als magisch zu betrachten sind. Auf eben den magischen Charakter vieler Runeninschriften hatte insbesondere der
norwegische Runologe M. Olsen hingewiesen, während der
dänische Runologe A. Bæksted den Runeninschriften einen
eigentlich magischen Gehalt in weitestem Umfang ab-
sprach (vgl. § 3).

Daß die Runenzeichen selbst schon seit sehr alter Zeit
nicht einfach als gewöhnliches Mittel für den geistigen
Verkehr zwischen Menschen galten, ist uns authentisch
durch mehrere Runeninschriften selbst bezeugt: So beginnt die Inschrift des westgötischen Steines von Noleby
(gegen 600) mit den Worten: *runo fahi raginaku(n)do*
,,Eine Rune (hier in kollektivem Sinn) male ich, eine von
den Ratern (= Göttern) stammende". Die gleiche Formel,
nur der Sprachentwicklung entsprechend leicht verändert,
findet sich in der Inschrift auf dem mit Runen- und Kult-
bildern geschmückten, ebenfalls westgötischen Stein von
Sparlösa (§ 86) sowie in der eddischen Spruchsammlung
Hávamál.

In der gleichen Spruchsammlung wird dem Dichtergott Odin die Aufnahme der Runen zugesprochen:

Ich weiß, daß ich hing   am windigen Baum
    neun Nächte lang,
vom Ger verwundet,   gegeben dem Odin,
    ich selbst mir selbst,
an jenem Baum,   da jedem fremd,
    aus welcher Wurzel er wächst.

Brot gab man mir nicht,   brachte kein Horn,
    nieder neigt' ich mich:
Nahm auf die Runen,   ächzend nahm ich sie,
    dann stürzt' ich hinab.

Da also die Runen als götterentstammt galten, waren sie nicht einfache tote Buchstaben, sondern übermenschliche Kräfte, die sogar als lebende Wesen aufgefaßt werden konnten. So spricht die Zauberin Busla (in der altisländischen Bósa-saga) in ihren Zauberflüchen (*buslubœn*) gegen den König Hring von „sechs Kriegern" in der Meinung von sechs Zauberrunen.

Wenn aber auch im alten Volksglauben die Runenzeichen selbst als göttliche Wesen galten, so ist damit noch nicht gesagt, daß die Runeninschriften ihrerseits durchweg kultische oder magische Bedeutung haben mußten. Im einzelnen ist es meist schwer zu entscheiden, ob es sich wirklich um rein profane Texte handelt oder ob in einem an sich profanen Text Zusammenhänge mit Magie oder Kultus bestehen.

§ 33. Als eindeutig „profan" dürfen solche Inschriften gelten, bei denen sowohl der Text wie der Schriftträger ersichtlich nichts mit Kultus oder Magie zu tun hat. Hierhin gehören vor allem Mitteilungen oder sonstige Gedanken,

die nur für eine bestimmte Gelegenheit, nicht für eine
längere Dauer niedergeschrieben waren, so wie das etwa
für die von Venantius Fortunatus seinem Freunde ange-
ratenen Runenbriefe gilt (§ 30). Von solchen Runen-
briefen ist uns aus jener Zeit freilich kein einziges Stück
erhalten, und in der Schicht der ältesten Runendenkmäler
sind wirklich eindeutig profane Inschriften selten. Vielleicht darf man hierzu ein kleines Schwert aus Eibenholz,
gefunden in Arum (Westfriesland gegen 600), zählen, das
in anglo-friesischen Runen die Inschrift *edæboda* trägt.
Man sieht darin meistens einen Botenstab und übersetzt
die Inschrift mit „renuntius".

Ferner gehören in diese Gruppe wohl kurze Inschriften
mit Angabe des Besitzers oder des Runenritzers auf einfachen Gebrauchsgegenständen, vor allem auf Kämmen,
wie solche in den skandinavischen Ländern, in England
und in Friesland mehrfach gefunden sind. Das älteste
Zeugnis dafür ist ein Kamm aus dem Moor von Vi (Fünen,
3. Jh.) mit dem eingeritzten Personennamen *Harja*. Auf
zwei altfriesischen Kämmen (um 800) findet sich das Wort
ka(m)bu bzw. *ko(m)bu* „Kamm".

Auf einem länglichen, schmucklosen Holzkästchen aus
dem Moor von Garbølle (Seeland, um 400; vgl. Tafel I)
steht die Inschrift *Hagiradar i tawide* „H. machte (in das
Kästchen) hinein (die Runen)". Zwar nennt sich hier der
Runenritzer, scheint aber damit an keine magische Wirkung gedacht zu haben.

Auf der Halbsäule einer byzantinischen Kirche bei
Breza (Bosnien, Mitte des 6. Jh.s) wurde neben anderen
Graffiti, besonders einem lateinischen Abc, ein im wesentlichen vollständiges, nur am Schluß zerstörtes Futhark gefunden, das wahrscheinlich von durchziehenden Soldaten
eines nicht näher zu bestimmenden südgermanischen Stammes eingeritzt worden war. Mit hoher Wahrscheinlichkeit

handelt es sich hierbei um eine spielerische Kritzelei ohne tiefere Bedeutung.

Auf der Spange von Charnay (Burgund, 2. Hälfte des 6. Jh.s) steht ein aus Raummangel nur von *f* bis *m* reichendes Futhark und dazu die in einer ostgermanischen (burgundischen?) Sprachform abgefaßte Inschrift *u(n)þf(i)n-þai Iddan Liano* „Möge (mit Hilfe des beigegebenen Futharks?) die Liano den Idda (als Schenker?) herausfinden". Auch dieser Text verfolgt offenbar keinen höheren Zweck als eine scherzhafte Aufforderung.

Ebenso ist die Herstellerinschrift nach dem Muster lateinischer Inschriften vom Typus *N. N. me fecit* auf der Spange von Etelhem (Gotland, letztes Viertel des 5. Jh.s) *m(i)k M(e)r(i)la w(o)rta* „Mich machte M." ersichtlich rein profan.

Eine Reihe südgermanischer (deutscher) Runeninschriften auf Spangen zeigt nur einen oder mehrere Personennamen: sie können aber einen Wunsch an den Besitzer der Spange ausdrücken, da in mehreren Fällen ein Wunschwort wie *leub* „Liebes", *þius* „Gutes", *segun* „Segen" den Namen hinzugefügt sind oder allein stehen (§ 72). In solchen Fällen kann man bereits mit einem, wenn auch nur andeutenden Eingriff in die magische oder religiöse Sphäre rechnen.

Erst im Hoch- und Spätmittelalter nimmt die Zahl der rein profanen Inschriften erheblich zu, nachdem durch die Konkurrenz der lateinischen Schrift das Bedürfnis nach schriftlicher Mitteilung auch in Runen immer stärker entwickelt wurde. So finden sich reine Graffiti z. B. in der Höhle von Maeshowe (Orkneys, § 112) aus dem 12. Jh. und zahllose praktische Mitteilungen in Runen auf Knochen und Holz, z. B. auf einem Messerschaft von Alt-Lübeck (§ 107) und besonders zahlreich unter den Funden von Bergensbrücke aus dem 13. und 14. Jh. (s. § 111). Ferner gehören

hierher Graffiti teilweise erotischen Inhalts im Innern
norwegischer Stabkirchen. Auch Baumeister-Inschriften
im Hochmittelalter sind mehrfach in Runen verfaßt, und
den Ausklang der Runenschrift überhaupt bilden Inschriften auf bäuerlichen Geräten in der mittelschwedischen
Landschaft Dalarna bis in das Ende des 19. Jh.s hinein,
nun freilich bereits stark vermischt mit lateinischen Buchstaben (§ 109).

Auf den Runenkalendern sowie in einigen Baumeister-
Inschriften u. ä. m. sind die Runen lediglich ein volks-
tümlicher Ersatz für die lateinischen Buchstaben.

§ 34. Eine Reihe von Inschriften berührt die Sphäre des
Kultus. Einige Zeugnisse sind zwar an sich einfache Mit-
teilungsinschriften, aber durch den Schriftträger eng mit
dem Kultus verbunden, so etwa die Inschrift auf dem
Goldring von Pietroassa aus dem westgotischen Tempelschatz (§ 69) und die stabreimende Inschrift auf dem einen
der beiden Goldhörner von Gallehus (§ 52).

Auf zwei Bronzestatuetten, die vermutlich Gottheiten
darstellen sollen, sind Runen eingeritzt, die demnach ebenfalls der Sphäre des Kultus angehören: auf der Statuette
von Frøyhov nördlich des Oslo-Fjordes (Anfang des 3. Jh.s)
ist zweimal, abwechselnd mit rein symbolischen Zeichen,
die *a*-Rune eingeritzt, die vermutlich, ihrem Namen entsprechend auf den Asengott (Wodan?) Bezug nimmt. Eine
andere Bronzestatuette ähnlicher Art, jedoch erst aus der
Zeit des 5. bis 6. Jh.s, wurde in Køng (Fünen) gefunden. Von
der Inschrift sind nur noch die beiden letzten Runen ... *n o*
erhalten. Der Sinn der ganzen Inschrift ist völlig dunkel.

Eine auch dem Texte nach ausgesprochen kultische Inschrift ist die auf dem westgötischen Runenstein von Sparlösa (um 800), die außer Runeninschriften auf drei Seiten
eine Reihe offenbar kultischer Bilder aufweist (§ 86).

Nur selten sind uns Namen von Göttern unmittelbar
in Runeninschriften überliefert. So finden sich — offenbar
als Überrest einer heidnischen Heilsformel — die Namen
einer Götterdreiheit auf der größeren Spange von Nordendorf (§ 72).

Der Name des nordischen Thor begegnet auf drei
dänischen Gedenksteinen der WZ, darunter auf dem berühmten Stein von Glavendrup (s. § 81), in der Weihe-
formel „Thor weihe diese Runen" (bzw. „dieses Denkmal"!)
und auf dem Stein von Sønder Kirkeby (Falster) in Einstabrunen (§ 4). In allen drei Fällen steht diese Formel
unmittelbar hinter dem eigentlichen Text der Inschrift.

Als Vertreiber eines bösen Geistes erscheint Thor in
der sog. Canterbury-Formel aus dem frühen MA, überliefert in einer Handschrift des Britischen Museums.

In diesem Zusammenhang kann man auch die Formel
āsau wija „dem Asen weihe ich" auf der Schnalle von
Vimose (Fünen, um 200) erwähnen: Mit dem „Asen" ist
wahrscheinlich wiederum der Hauptase Wodan (an. *Óðinn*)
gemeint.

§ 35. Segen und Fluch sind in ihrem innersten Wesen
nahe miteinander verwandt. Auf zwei Steinen aus der
südostschwedischen Landschaft Blekinge aus der Mitte
des 7. Jh.s (§ 68) ist ein und dieselbe Fluchformel überliefert, und zwar in der etwas älteren Inschrift von Stentoften im Anschluß an eine aktuelle Inschrift zum Preise
eines dort beheimateten Kleinkönigs, während die etwas
jüngere Inschrift von Björketorp außer einer Warnung
nur die genannte Fluchformel enthält: „Der Glanzrunen
(d.h., der von den Himmelsmächten stammenden) Reihe
barg ich hier, Zauberrunen. Durch Argheit rastlos, draußen
(= in der Fremde) ist eines tückischen Todes, wer dies
(Denkmal) zerstört."

Auf drei dänischen Runensteinen und einem schwedischen aus der WZ spielt ein schwer deutbares Wort eine zentrale Rolle, das vielleicht als *rétti*, wörtlich „Errichter", nämlich eines Zaubergestells, also ein (böser, gefürchteter und zugleich verachteter Zauberer) aufzufassen ist. Die Fluchformel in der langen Inschrift von Glavendrup (vgl. § 81) folgt unmittelbar auf die oben erwähnte Thor-weihe-Formel und lautet in Übersetzung „Zu einem Zauberer (*at rétta*) werde derjenige, der diesen Stein wegstößt oder hinter einen anderen (Grabstein) stellt!"

Auf dem westgötischen Runenstein von Saleby lautet die Fluchformel „Es werde zu einem Zauberer und zu einer argen Frau (d.h. zu einer perversen Zauberin), derjenige, der (das Denkmal) zerschlägt (?) (oder) aufbricht".

In den Fluchformeln zweier weiterer dänischer Runensteine wird auch das Etymon *siða* „zaubern" bzw. *seiðr* „Zauber" verwendet. So heißt es auf dem Stein von Sønder Vinge (Jütland) *sarþi auk siþ rati* (= *seiðrétti*) *sa manʀ ias auþi mini þui* „Es treibe Unzucht und errichte einen Zauber derjenige, der dies Denkmal zerstört!"

§ 36. Neben den Fluchformeln finden sich Beschwörungen verschiedenster Art sowohl auf Steinen wie auf losen Gegenständen.

Auf dem seeländischen Stein von Gørlev (9. Jh.; vgl. § 80) steht nach der eigentlichen Gedenkinschrift und zwischen dem Futhark und der *þistil*-Formel (s. u.) die Ermahnung „Genieß wohl des Denkmals!", gemeint wohl als Anrede an den Toten, der sich in seinem Grabdenkmal ruhig verhalten und nicht als Wiedergänger die Menschen erschrecken soll. Ähnlich heißt es auf dem Stein von Nørre Nærå (Fünen, 9. Jh.): „Thormund, genieß des Denkmals!"

Gegen einen etwaigen Wiedergänger sind auch Zaubersprüche auf einigen schwedischen Kupferblechen aus ver-

schiedenen Stufen der WZ gerichtet. Allerdings sind diese
Inschriften oft nur flüchtig geritzt und daher schwer les-
und deutbar. Auf dem nur 1,5 × 1 cm großen Kupferblech von Ulvsunda (im Stadtgebiet von Stockholm, um
800) steht eine Inschrift, die von A. Nordén folgendermaßen gedeutet worden ist: „Sei nicht allzu lebhaft außerhalb (des Grabes), du Mißfolger (= Wiedergänger)! Ein
Schaden (durch diese Beschwörung) bringe dir Unglück!"

Ebenfalls gegen einen Wiedergänger gerichtet ist die in
stabreimende Glieder eingeteilte und am Schluß schwer
lesbare Inschrift auf dem Kupferblech von Högstena
(Westgötland, 11. Jh.). Von den verschiedenen bisher vorgebrachten Deutungen ist mir die von H. Jungner und
A. Nordén vorgetragene grundsätzlich am wahrscheinlichsten. Wegen der Stabreime sei diese Inschrift hier in
altschwedischer Sprachform wiedergegeben:

> *galanda viþr, ganganda* (?) *viþr; rīþanda viþ(r),*
> *viþr rænnanda; viþr sitianda, viþr sighlanda* (?);
> *viþr faranda, viþr fliughanda : skal allt fuþ* (?) *anna* (?)
> *ok um døia.* „(Zauber) gegen den Zaubernden, gegen den
> Gehenden; gegen den Reitenden, gegen den Rennenden;
> gegen den Sitzenden, gegen den Segelnden (?); gegen
> den Fahrenden, gegen den Fliegenden! Es soll voll-
> ständig der Hundsfott (= der Wiedergänger) sich dahin-
> quälen (?) und sterben!"

Eine umfangreiche, aber ihrer Bedeutung nach stark um-
strittene Beschwörung ist in ein Kupferblech aus Sigtuna
(Ende des 11. Jh.s) eingeritzt. Eine allenfalls mögliche
Deutung scheint zu sein: „Dämon des Wundfiebers, Herr
der Dämonen, flieh du nun! Du bist gefunden! Bekomm
dreifaches Leiden, du Wolf! Bekomm dreifache Not, du
Wolf! *iii* die Eis(runen) (vgl. § 16), diese Eis(runen) mögen
bewirken, daß du dich zufrieden gibst, du Wolf! Genieß des

Zaubers!" Diese Inschrift richtet sich also nicht gegen
einen Wiedergänger, sondern gegen den Dämon des Wund-
oder Kindbettfiebers. Der Text ähnelt in einigen Partien
dem der Canterbury-Formel (§ 34).

Auf einem 52 × 49 mm großen Kupferblech aus Södra
Kvinneby (Öland) ist eine, im ganzen noch nicht publi-
zierte Inschrift von 143 Runen aus der Zeit gegen 1100
eingeritzt. Die einzelnen Zeilen ziehen sich in Schlangenlinien (vgl. § 4) über die beiden Seiten des Bleches. Den
Abschluß bildet ein kleines Fischbild. Es handelt sich bei
dieser Inschrift zweifellos um einen Fischzauber, der sich
gegen einen Mitfischer, einen „Buben" (*bove*) richtet, den
„Thor holen möge".

§ 37. Der Zauber kann gelegentlich auch in Form einer
Feststellung ausgesprochen werden. Die Inschrift auf der
Spange von Strand (Mittelnorwegen, um 700) lautet um-
schrieben: *sigli's nāhlē* „Der Schmuck ist Schutz gegen
Tote". Auch hier handelt es sich also um einen Zauber
gegen Wiedergänger. Eine inhaltlich allgemeinere Fassung
ist in der Inschrift *lok is læva* „Zu Ende ist es mit den
Leiden" von Viborg (Jütland, um 900) bezeugt.

Auf einem der ältesten mit Runen beschriebenen Grabsteine, nämlich auf dem nur fragmentarisch erhaltenen
Stein von Vetteland (Südwestnorwegen, Mitte des 4. Jh.s)
enthalten die zweite und dritte Zeile (Anfang verloren)
einen normalen Grabschrifttext: . . . . . . *magōʀ mīnas staina*
„[Ich N. N. setzte] meines Sohnes Stein". — . . . . . . *daʀ
faihidō* „[„ich . . .]d malte (die Runen)". Die erste, wiederum
am Anfang verlorengegangene Zeile lautet . . . . . . *flagda-
faikinaʀ ist*, was vielleicht zu übersetzen ist „[Dieser Platz]
ist von Unholden bedroht". Jedenfalls steht hinter dieser
Zeile ein Ausdruck von Grabmagie. — Vgl. schließlich
noch die Inschrift von Roes § 62.

§ 38. Eindeutig magisch sind solche Inschriften, die bestimmte Formelwörter enthalten. Derartige Inschriften finden sich besonders häufig auf Brakteaten (§ 53), seltener auf anderen losen Gegenständen oder auf Steinen. Besonders hervorzuheben sind:

alu, einen nicht näher zu bestimmenden Zauber ausdrückend. Dies Formelwort findet sich teils als einzige Inschrift in vollausgeschriebener oder verstellter oder verkürzter Form auf zahlreichen Brakteaten, aber auch auf dem südnorwegischen Stein von Elgesem (5. Jh.), auf dem Ring von Körlin (6. Jh.); in der verstellten Form *lua* auf einem der Pfeilschäfte von Nydam (Nordschleswig, um 400; vgl. § 50). Verschiedentlich ist dieses Formelwort aber auch mit anderen Wörtern verbunden. So enthält z.B. der südwestnorwegische Stein von Årstad (6. Jh.) die dreizeilige Inschrift *HiwigaR. — saralu. — UnwinaR* „Hiwig (Name des Runenmeisters, etym. vielleicht = lat. *civicus*). — Hier *alu*. — Ungwins (Grab)". Über den Kamm von Setre vgl. § 51.

Die lange kultisch-magische Inschrift auf der Steinplatte von Eggja (§ 60) zeigt in der letzten, kurzen Zeile nur die Formel *alu mis(s)urki* „*Alu* dem Missetäter!". Hier scheint es sich wiederum um einen Wiedergängerzauber zu handeln.

Schließlich erscheint *alu* als Namenwort, so in dem weiblichen Kosenamen *Aluko* auf dem Angelstein von Førde (§ 52). Auf der seeländischen Spange von Værløse um 200 (Tafel II) ist nur der (männliche?) Name *Alugōd* (Vokativ?) eingeritzt. Auch in späteren, literarisch überlieferten Personennamen begegnet das Namenwort *alu*, z.B. altisl. *Ǫlbjǫrn*, ahd. *Aluberht* (= ags. *Ealubeorht*).

auja „Heil": Dies Wort, das etymologisch mit lat. *avēre* „verlangen", ai. *avati* „hilft" verwandt ist, auch einmal in

der altisländischen Literatur in der Form *ey* vorkommt,
ist als magische Formel nur auf zwei Brakteaten bezeugt:
auf dem Brakteaten von Skodborg (Jütland; vgl. § 55)
steht *auja* vor dem Vokativ *Alawin*, auf dem Brakteaten
II von Seeland schließt die Inschrift mit der Formel *gibu
auja* „Ich gebe Heil" (§ 55). Wie *alu* kommt *auja* auch als
Namenglied in Personennamen vor, z.B. an. *Eymundr*
(= ahd. *Awimund*) m., *Eygerðr* f. usw.; dazu auch got.
awi-liuþs „Danksagung".

ea begegnet, und zwar jedesmal in linksläufiger Schreibung, auf dem kleinen steinernen Amulett von Utgård
(Mittelnorwegen, Mitte des 5. Jh.s), das möglicherweise
einer Kuh um den Hals gehängt war; ferner auf dem
Brakteaten von Lekkende (Seeland), schließlich auf der
Bügelfibel B von Dischingen (Württemberg, 7. Jh.), jedesmal als einzige Inschrift. Die Bedeutung dieser Formel ist
umstritten: Vielleicht muß man die beiden Runen durch
ihren Namen auflösen, also (in urgermanischer Sprache)
*e(hwaz) *a(nsuz) „Pferd, Ase", was sich auf den Haupt-Asen
Wodan (*Óðinn*) mit seinem Rosse Sleipnir beziehen würde.

ehwē „dem Pferde", mit Sicherheit nur auf einer großen
Anzahl von Brakteaten und stets in verstümmelter Form
überliefert, vor allem in der Gestalt **ehwu** (mit Entstellung
der Rune *e* zu *u*, vgl. § 7) auf dem Brakteaten V von
Schonen sowie in der Anlautsformel **ehe** auf dem Prunk-
brakteaten von Åsum (Schonen).

Auf einer Spange von Donzdorf Kr. Göppingen (7. Jh.),
die nach H. Jänichen (Fundber. aus Schwaben 1967, 234)
auf nordischen Import weist, steht die Inschrift **eho** mit
einer nordischen *h*-Rune und der anscheinend südgermanischen Endung -*o*. Hier handelt es sich aber wohl um den
ahd. PN *Eho* (vgl. Förstemann, Namenbuch Sp. 451).

laukaʀ „Lauch" findet sich als magische Formel im
Sinne von „Gedeihen" allein wie auch in Verbindung mit

anderen Formelwörtern sowohl voll ausgeschrieben wie auch mehr oder weniger verkürzt (*lkaʀ*, *lauʀ* und dgl.) besonders auf zahlreichen Brakteaten. Außerhalb der Brakteaten erscheint das Formelwort nur noch auf dem beinernen Schrapmesser von Fløksand (vgl. § 51). Im übrigen zeigt diese Formel in Verbindung mit anderen Überlieferungen den ältesten Namen der *l*-Rune an (vgl. § 16).

laþu „Einladung", im magischen Sinn „Zitation" (göttlicher Kräfte). Das Wort findet sich entweder allein oder in Verbindung mit anderen Formelwörtern lediglich auf Brakteaten. Hier sei nur genannt die Inschrift auf dem Brakteaten I von Schonen: *laþu laukaʀ gakaʀ alu*. Davon sind die Wörter 1, 2 und 4 bekannt. Das dritte Wort ist so, wie es überliefert ist, unbekannt und vielleicht als Verschreibung für *ga(u)kaʀ* „Gauch, Kuckuck" zu werten. — Neben der einfachen Form *laþu* begegnet auf zwei Brakteaten die längere Form *laþōdu*.

§ 39. Als magische Formel hat, zumindest in einigen Fällen, auch die Futhark-Reihe selbst zu gelten, so besonders auf der Steinplatte von Kylver (Gotland, 1. Hälfte des 5. Jh.s, vgl. Tafel I): Diese Steinplatte war im Innern eines Grabes gefunden; die Inschrift sollte also nicht von Menschenaugen gelesen werden, diente vielmehr offenbar magischen Zwecken: wer sämtliche Runen in der vorgeschriebenen Reihenfolge anbrachte, mobilisierte gleichsam sämtliche magischen Kräfte. In diesem Falle handelt es sich wohl um Wiedergängerzauber. Dem Futhark folgte in der Inschrift von Kylver unmittelbar und im Duktus der Runen ein baumartiges Zeichen, gewiß von symbolischer, uns freilich unbekannter Geltung. Außerdem trägt die Steinplatte von Kylver noch eine besondere Formel **sueus**, die also die Form eines Palindroms hat, d.h,

von vorn und von hinten gelesen den gleichen Text ergibt.
Die Bedeutung ist nicht sicher zu ermitteln. Ein Palin-
drom sis zeigt sich auch am Schlusse der Inschrift des
Steines von Flemløse II (Fünen, 9. Jh.).

Sicher magisch ist auch die Anbringung der jüngeren
nordischen Futhark-Reihe auf dem Stein von Gørlev (§ 80)
zu bewerten. Demgegenüber liegt in mehreren anderen
Fällen zweifellos nur spielerische Anbringung des Futharks
vor, z.B. auf der Halbsäule von Breza oder auf der Spange
von Charnay (vgl. § 33).

Von sonstigen magischen Formeln sei hier nur noch die
in besonderer Verschränkung geschriebene Formel *pistil
mistil kistil* „Distel, Mistel, Kistchen" erwähnt, die sich
zufrühest (9. Jh.) auf der Rückseite des Steines von Gørlev
findet, ferner auf dem ostgötischen Stein von Ledberg aus
der ersten Hälfte des 11. Jh.s, in einer mittelalterlichen
Inschrift der Kirche von Borgund (Sogn) sowie in einer der
Inschriften von Bergens-Brücke (§ 111), schließlich literarisch in dem Fluch der Zauberin Busla gegen König
Hring in der altisländischen Bósa saga (§ 32).

§ 40. Als ausgesprochen magisch dürfen auch solche
Inschriften gelten, in denen der Runenmeister — der
übrigens keineswegs immer der technische Ausführer der
Inschrift war — seinen Stand oder einen besonders für
diesen Stand charakteristischen Beinamen nennt.

Der Stand des Runenmeisters wurde mit dem Worte
erilaʀ (bzw. *irilaʀ*) bezeichnet. Dieses Wort ist etymologisch dem profanen Standesnamen *jarl* nahe verwandt,
hat dagegen unmittelbar kaum etwas mit dem altgermanischen Stamme der Heruler zu tun.

Auf der Fibel von Bratsberg (Telemark, um 500) steht
zwischen zwei Randlinien nur die Inschrift *ek erilaʀ*. Zwar
sind noch weitere Randlinien gezogen, offenbar weil eine

längere Inschrift beabsichtigt war; doch scheint jene kurze Selbstbenennung für eine magische Wirkung genügt zu haben.

Ähnlich beginnt die Inschrift auf dem Steine von By (nordwestlich des Oslo-Fjordes, Mitte des 6. Jh.s) mit dem einfachen Nominalsatz *ek irila*ʀ. Darauf folgt ein neuer Satz mit neuem Subjekt und Prädikat.

Der gleichen Zeit gehört die seit mehreren Jahrzehnten ins Meer gestürzte Inschrift von Veblungsnes (Romsdal, Mittelnorwegen) an, in der den Worten *ek irila*ʀ noch der eigentliche Name *Wiwila* beigefügt ist.

Ebenfalls nur nominal, jedoch noch stärker erweitert, ist die Inschrift auf dem Steine von Rosseland (Hordaland, Südwestnorwegen, 5. Jh.): *ek wagiga*ʀ *irila*ʀ *Agilamu(n)don*, was vielleicht zu übersetzen ist „Ich, Wagig (?), der Runenmeister, (Sohn) der Agilamundo".

Auf der einen Seite des beinernen Amuletts von Lindholm (§ 38) steht die Inschrift *ek erila*ʀ *sa wīlaga*ʀ *ha(i)teka* „Ich, der Runenmeister hier, heiße Listig" (§ 50).

Ähnlich nennt auf dem Lanzenschaft von Kragehul (§ 50) der Runenmeister zunächst seinen geistlichen und profanen Stand, um in einem zweiten Satz seine magische Tätigkeit anzugeben. Schließlich nennt auf dem Steine von Järsberg (Värmland, 1. Hälfte des 6. Jh.s) im zweiten Satz der Runenmeister sowohl seinen Stand wie seine Tätigkeit (§ 61).

In anderen Fällen gibt sich der Runenmeister einen für seine magische Kunst charakteristischen Beinamen: Auf dem Stein von Nordhuglo gibt sich der Runenmagiker den Beinamen „Unzauber" (§ 61). Auf der Spange von Gårdlösa (Schonen, um 200) lautet die Inschrift *ek unwōdi*ʀ „Ich Unwut", eine Bezeichnung, die vielleicht darauf deutet, daß der Runenmeister in diesem Falle ohne Ekstase auftritt.

Die Bezeichnung als „Listig" auf dem Amulett von Lindholm wurde schon erwähnt. Inhaltlich ähnlich ist die Bezeichnung *fārauīsa* „Der Gefährliches Wissende" auf dem Brakteaten II von Seeland (§ 55).

Auf den scharfen, magisch wirkenden Blick des Runenmeisters weisen die Inschriften auf den Brakteaten I von Nebenstedt mit den Beinamen *glïaugiʀ* „Der Glanzäugige" (§ 55) und des Steines von Vånga (Westgötland, um 500) mit der Inschrift *haukōþuʀ* „Der Habichtartige". Mehrere andere Fälle sind unsicher.

Die vielfach namentlich bekannten schwedischen Runenmeister der WZ (§ 90) waren dagegen keine Runenmagiker, sondern mehr handwerklich eingestellte Künstler.

§ 41. Als Grenzfälle zwischen profan und kultisch-magisch kann man alle diejenigen Inschriften bezeichnen, die auf oder neben Gräbern angebracht sind, selbst dann, wenn sie nur einen einzigen Namen enthalten (§ 65). In manchen Fällen weisen solche Inschriften auf Bautasteinen eindeutig in die Sphäre der Magie (§ 39 f.).

In gewisser Hinsicht nehmen auch diejenigen Inschriften eine höhere Stellung ein, die sich auf Rechtsverhältnisse beziehen, wie besonders die Inschrift von Hillersjö vom Mälarsee (Mitte des 11. Jh.s), die sich mit einem höchst verwickelten Erbgang beschäftigt (§ 94), sowie die in stablosen Runen (§ 13) verfaßte Inschrift auf dem Stein von Malsta (Hälsingland; § 94). Gewisse Rechtsverhältnisse werden möglicherweise bereits auf dem norwegischen Stein von Tune (§ 63) berührt.

Sehr viele Inschriften der WZ beziehen sich auf historische Ereignisse, vor allem auf Wikingerfahrten in das Baltikum, nach Rußland und Serkland (wahrscheinlich die Länder des Kalifats im Mittleren Osten), wobei ein schwedischer Wikingerführer Ingvar (gest. 1041), dem auch eine

eigene altisländische Saga gewidmet ist, eine hervorragende
Rolle spielt. Auch von Wikingerfahrten nach England
z. Z. König Knuts des Großen wird häufig berichtet
(§§ 93 u. 99).

Derartige Inschriften sind fast ausschließlich in Gedenksteine eingemeißelt und insofern ebenfalls mit dem
Totenkult verbunden. Dagegen sind zwei auf zwei Holzbrettern an der Kirchentür von Vinje (Telemarken) am
21. 6. 1197 eingeritzte längere Inschriften des Sigurd Jarlsson und seiner Gefolgsleute rein historisch zu bewerten
(§ 110).

II. Ausgewählte Inschriften

1. Möglichkeiten der Datierung

§ 42. Die absolute Datierung einer Runeninschrift ist
nur möglich, wenn die Inschrift selbst eine mehr oder
weniger genaue Zeitbestimmung angibt. Für die älteste
Gruppe der Runeninschriften liegt eine derartige Angabe
nirgends vor. Erst von der WZ an finden sich in einigen
Inschriften selbst historische Angaben. Hier seien besonders der ältere und der jüngere Stein von Jelling (Nordjütland) erwähnt, jener aus der Zeit um 935, dieser gegen
983 (vgl. § 82). Zwei von den vier bei Heidaby (in der
Nachbarschaft von Schleswig) gesetzte Runensteine beziehen sich auf einen Dänenkönig Sven, bei dem es sich
höchstwahrscheinlich um Harald Blauzahns Sohn Sven
Gabelbart (gest. 1014) handelt (vgl. § 82). Historischen
Wert haben ferner dänische Münzen, die in Runenschrift
den Namen König Svens (Estridsson) aus dessen letzter
Regierungszeit (1065—1075) tragen.

Auf König Knuts des Großen Eroberung von England (1016) bezieht sich die Inschrift auf dem norwegischen Stein von Evje (Galteland; § 99). Auf die Eintreibung des sog. *Danagildi* („Dänentribut") durch schwedische und dänische Wikingerführer weisen mehrere schwedische Inschriften auf Gedenksteinen aus der ersten Hälfte des 11. Jh.s (§ 93).

Die zahlreichen schwedischen Inschriften mit der Nennung des schwedischen Wikingerführers Ingvar (gest. 1041) wurden bereits § 41 erwähnt (Beispiele § 92), ebenso die ein genaues Datum angebende Inschrift an den Türpfosten der Kirche von Vinje.

Aus dem Spätmittelalter sind uns gelegentlich Baumeister-Inschriften mit genauer Datierung überliefert (vgl. § 109).

§ 43. Mehr oder weniger genaue Zeitbestimmungen von Runendenkmälern sind durch die immer mehr verfeinerten Methoden der Archäologie möglich geworden, vor allem bei Grabfunden mit archäologisch datierbaren Beigaben.

Auf dem gleichen Wege ist es jetzt auch möglich, die Zeitspanne der sog. nordischen Goldbrakteaten (§§ 53—55) zu bestimmen: 2. Hälfte des 5. bis 2. Hälfte des 6. Jh.s (H.Jankuhn, KJ, S. 234 f.). Gerade diese Brakteaten nehmen infolgedessen eine Art Schlüsselstellung bei der Datierung der sog. urnordischen Inschriften ein.

§ 44. Eine relative Zeitbestimmung der Runendenkmäler ist durch die allmähliche formale Veränderung einzelner Runenzeichen, teilweise verbunden auch mit verändertem Lautwert, möglich. Es gibt nämlich einige Runen, vor allem die für *k, j, s, e, n,* die sich bereits im Laufe der VWZ stark verändern (vgl. § 7); freilich ist dabei zu bedenken, daß

1. Steinplatte von Kylver
(nach RäF)

2. Kästchen von Garbølle
(Phot. L. Larson Kph.)

1. Fibel von Værløse
(Phot. von E. Moltke Kph.)

2. Brakt. von Skodborg
(nach RäF)

3. Brakt. I von Nebenstedt
(nach RäF)

Lanzenblätter von Kowel und Wurmlingen
(nach K. J.)

Felswand von Kårstad
(nach RäF)

die formale Entwicklung derartiger „empfindlicher" Runen an verschiedenen geographischen Stellen sich nicht immer gleichzeitig vollzieht.

Schließlich wirft auch die sprachliche Entwicklung ein Licht auf die Zeitbestimmung; allerdings ist eine sprachliche Entwicklung in dem Zeitraum der ältesten Runendenkmäler, etwa vom Ausgang des 2. bis etwa in die Mitte des 6. Jh.s hinein, kaum zu beobachten, so wie innerhalb dieses Zeitraums auch keine dialektischen Unterschiede bemerkbar sind, was sich möglicherweise daraus erklärt, daß sich in dieser ältesten Schicht von Runeninschriften eine Art von Gemeinsprache (Koine) über das ganze Gebiet herausgebildet hatte. Spuren sprachlicher Veränderung sind erst etwa vom Ausgang des 6. Jh.s an in steigendem Maße feststellbar.

2. Inschriften der urnordischen Sprachperiode und des Übergangs

a) Schrift und Sprache

§ 45. Bereits auf den ältesten uns bekannten Runendenkmälern tritt uns das Futhark (vgl. § 7) in voll ausgebildeter Form und Anordnung entgegen, und die einzelnen Runen weisen in jener ältesten Zeit nur geringfügige Varianten auf. Da die Runenschrift an sich rund um 150 Jahre vor dem ersten Auftreten von Runendenkmälern entstanden sein dürfte (§ 21), können wir nicht entscheiden, ob sich die vollständige, gefestigte Ausbildung des Futharks bereits vor dem Gebrauch der Runen im Norden vollzogen hat, oder ob diese Verfestigung erst im Norden eingetreten ist zu einer Zeit, aus der uns noch keine Inschriften bekannt geworden sind.

§ 46. Zwar können wir bereits im Lauf dieser ältesten Runenperiode gewisse Wandlungen in der Form einzelner Runen feststellen (§ 44); aber erst etwa vom Beginn des 7. Jh.s an zeigen sich bei einigen Runen gewisse grundsätzliche Veränderungen. So erhält etwa die alte j-Rune eine entscheidende formale Wandlung zugleich mit der Geltung eines oralen a; die k-Rune erhält durchgehend die Form ᚴ. Die Runenzeichen für g, d, w, p, $ŋ$, $ï$ und o kommen allmählich außer Gebrauch und werden in unregelmäßigen Stufen durch die Runen für k, t (inlautend $þ$), u, b, n (das allerdings vor g und k meist völlig ausfällt), i und u ersetzt, bis schließlich etwa seit der Mitte des 8. Jh.s die voll gefestigte jüngere nordische Runenreihe von 16 Zeichen entsteht (die sog. dänischen Runen, vgl. §§ 9 u. 10).

§ 47. Die Sprache der ältesten Runeninschriften, die man mit einem nicht voll gerechtfertigten Ausdruck als „urnordisch" bezeichnet, steht der Sprache des sog. Urgermanischen noch recht nahe und ist altertümlicher als die Sprache der gotischen Bibel (2. Hälfte des 4. Jh.s). Vor allem sind im Urnordischen die ursprünglichen Endvokale in weitem Umfang noch erhalten. Die für das Urindogermanische so charakteristische Autonomie des Wortes innerhalb eines Satzes ist im Urnordischen, soweit unsere Quellen diese Erkenntnis zulassen, noch im weitesten Umfang vorhanden. Zur Charakteristik der urnordischen Sprache sei hier nur das Paradigma der germanischen maskulinen a-Stämme (idg. o-Stämme) im Vergleich mit den entsprechenden klassisch-altisländischen und den gotischen Formen vorgeführt. Dabei sind nur solche Formen durch ein Sternchen als erschlossen gekennzeichnet, die nicht mit voller Sicherheit rekonstruierbar sind.

Sg. N.	*wulfaʀ*	*úlfr* „Wolf"	*wulfs*
G.	*wulfas*	*úlfs*	*wulfis*
D.	*wulfē* (älter *wulfai)	*úlfi*	*wulfa*
A.	*wulfa*	*úlf*	*wulf*
V.	*wulf*	*úlfr*	*wulf*
Pl. N.	*wulfōʀ*	*úlfar*	*wulfōs*
G.	*wulfōⁿ*	*úlfa*	*wulfē*
D.	*wulfumʀ*	*úlfum*	*wulfam*
A.	*wulfaⁿ	*úlfa*	*wulfans*

Zu diesem Paradigma und zu entsprechenden Fällen in den im folgenden angeführten Inschriften sei bemerkt, daß die mit ʀ umschriebene Rune sich spätestens zu Beginn des 5. Jh.s aus einem urgermanischen z (= stimmhaftes s) zu einem besonderen palatalen r-Laut entwickelt hat, der erst im Lauf der WZ mit dem altererbten r-Laut zu einem einzigen Phonem r stufenweise zusammengeflossen ist.

Die Umschreibung a^n, $\bar{o}^n$ bezeichnet Nasalvokale.

§ 48. Der sich etwa seit dem 6. Jh. mit fast überstürzter Schnelligkeit vollziehende Übergang von der klassisch-urnordischen Sprache zum klassisch Altnordischen findet seinen Niederschlag in den Runendenkmälern aus der Zeit gegen und nach 600 zunächst nur zögernd auf einigen wenigen Sprachgebieten, mit der Zeit in immer weiterem Ausmaß. Als erste Zeugnisse dieser Art können etwa der norwegische Wetzstein von Strøm (um 600; vgl. § 52) und der westgötische Stein von Noleby (gegen 600; vgl. § 32) gelten. Die lange Inschrift auf der Steinplatte von Eggja (um 700; vgl. § 60) zeigt bereits eine der klassisch altnordischen fast völlig angenäherte Sprachform. Die Inschrift von Stentoften (um 650; vgl. § 68), weist die erste gesicherte schriftliche Fixierung des Umlauts (*gestumʀ*

mit -*e*- < -*a*-) auf. Etwa seit der Mitte des 9. Jh.s herrscht
auch in der Schreibung der Runendenkmäler die klassische
altnordische Sprache.

b) Inschriften auf losen Gegenständen (außer Brakteaten)

§ 49. Die ältesten uns erhaltenen Runeninschriften befinden sich durchweg auf losen Gegenständen, nicht auf
größeren Steinen. Vor allem sind hier die Inschriften auf
einer Reihe von Fibeln (Gewandspangen) zu nennen, von
denen einige vermutlich noch dem Ende des 2. Jh.s angehören. Die Fibeln von Værløse und von Gårdlösa sind bereits oben (§§ 38 u. 40) behandelt worden. Hier seien noch
zitiert die Fibel II von Himlingøje (Seeland) mit der Inschrift [*ek*?] *Widuhu*(*n*)*daʀ* „Ich, Widuhund", wobei dieser
Name von Haus aus „Waldhund" als Tabu-Umschreibung
für „Wolf" zu fassen und wahrscheinlich der Berufsname
des Runenmeisters ist, nicht der des Besitzers der Spange,
weil diese in einem gut erhaltenem Frauengrab gefunden
wurde. Auf der Spange von Nøvling (Nordjütland) steht
die Inschrift *Bidawarijaʀ talgidai* „Bedver schnitzte (die
Runen)". Zu jener Zeit waren die dänischen Inseln und
Jütland vermutlich noch von den sog. Herulern bewohnt.

Ebenfalls herulischer Herkunft wird auch noch die etwa
der Mitte des 4. Jh.s zugehörige Inschrift auf der Spange I
von Himlingøje sein, die lediglich den Frauennamen
Hariso trägt, in diesem Falle wahrscheinlich den Namen der
Besitzerin. Der gleiche Name, jedoch als Männername mit
latinisierter Endung, findet sich in einer etwa gleichzeitigen lateinischen Inschrift aus Venetia.

Aus Südwestnorwegen stammt die Spange von Tu
(5. Jh.) mit einer schwer deutbaren Inschrift. Die Inschrift auf der Spange von Bratsberg *ek erilaʀ* ist bereits
oben § 40 behandelt.

Eine bemerkenswerte Inschrift aus der Übergangszeit findet sich auf der Fibel von Eikeland (Südwestnorwegen). Die Runenformen stimmen in vielen Beziehungen mit den Inschriften um oder kurz nach 600 überein. Die Sprache zeigt eine merkwürdige Mischung von urnordischen und klassisch-altnordischen Formen. Vom archäologischen Standpunkt aus kann die Spange mit aller Sicherheit in die Zeit um 600 datiert werden. Im folgenden sind da, wo in der Inschrift späturnordische oder klassisch-altnordische Sprachformen vorliegen, die entsprechenden urnordischen Formen in Klammern gesetzt:

ek wiR [*wiwaR*?] (vgl. die Inschrift von Tune § 63) **wiwio** [*wiwion*?] **writu i runoR ąsni,** was vielleicht zu übersetzen ist „Ich, Wir, für Wiwia ritze ein die Runen. Jetzt (oder: hier?)".

§ 50. Von sonstigen urnordischen Inschriften auf losen Gegenständen seien hier nur einige wenige angeführt: Vor allem sind in Mooren aus Angeln und den altdänischen Gebieten einige Runendenkmäler gefunden worden, so in dem Moor von Thorsberg (Angeln), u. a. ein Ortband (metallener ringförmiger Schutz am unteren Ende der Schwertscheide) aus der Zeit um 200 mit der Inschrift *o W*(*u*)*lþuþewaR ni wajemariR,* was vielleicht zu übersetzen ist „Erbbesitz (Odal). W., der nicht schlecht Berühmte". Der Name bedeutet eigentlich „Diener des Gottes Ull"; sein Träger gehörte also wohl dem Priesterstand an.

In Vimose (Fünen) sind fünf Runendenkmäler zutage gekommen, deren Inschriften aber nur zum Teil sicher deutbar sind. Verhältnismäßig umfangreich ist darunter die zweiteilige Inschrift auf einem Hobel aus Eschenholz, von der freilich lediglich das Eingangswort *tal*(*g*)*ijo* „Hobel" sowie gegen Schluß des zweiten Teiles das Wort *hleuno,* etwa „Schutzmittel" mit hoher Wahrscheinlichkeit deutbar ist.

Schon der Name Vimose deutet darauf hin, daß es sich
hierbei um ein Weihemoor handelt, in das nach Ausweis
der archäologischen Untersuchungen jahrhundertelang
Gegenstände, zunächst aus dem bäuerlichen Alltag, später
Kriegsgerät aller Art als Gabe an die Götter geworfen
wurden. Das gleiche gilt für die Moore von Thorsberg, Nydam und Kragehul.

In dem Weihemoor von Nydam (Angeln) sind außer
zwei Booten zahlreiche Waffen aller Art geborgen worden,
darunter viele hölzerne Pfeilschäfte (aus der Zeit etwa
um 400). Einige dieser Pfeilschäfte tragen Ritzzeichen;
dabei zeigt die Inschrift *lua* (linksläufig) auf einem dieser

Fig. 11 Pfeilschaft von Nydam
(nach Wimmer SJyR)

Schäfte eindeutig runischen Charakter: Es handelt sich
hier um die wohl aus magischen Gründen verstellte
Schreibung für das Formelwort *alu* (vgl. oben §§ 27 u. 38).
Bemerkenswert ist, daß sich auf anderen Pfeilschäften
einzelne Ritzzeichen befinden, die rein formal sehr wohl
Runen sein können, aber auch außerrunische Zeichen.
Eine dritte Gruppe auf diesen Pfeilschäften weist Ritzzeichen auf, die keinesfalls runisch sein können (vgl.
oben § 27).

In dem Moor von Kragehul (Fünen) sind ein hölzerner
Lanzenschaft und ein beinerner Messerschaft mit Runen
aus dem Anfang des 6. Jh.s gefunden worden. Der in
mehrere Teile zerbrochene Lanzenschaft trägt folgende
am Schluß abgebrochene Inschrift: *ek ẽrilaR Asugisalas*

*mūha ha͡ite. g͡a g͡a g͡a ginu-g͡a he͡[lma-tā]lija hagala wiju bi g[ai**R**a]* (zu den Binderunen vgl. § 4) „Ich, Eril, (vgl. § 40) heiße Asgisls Gefolgsmann (oder: Sohn Muha). Ich gebe Glück (oder: Gabe-Ase) (dreimal), magisch-wirkendes (Zeichen) *g͡a*. — Helmvernichtenden (?) Hagel (= Verderben) weihe ich an den Speer".

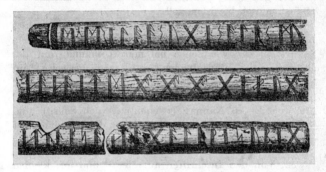

Fig. 12 Lanzenschaft von Kragehul
(nach Wimmer Runenschr.)

Auf einem in dem Moor von Lindholm (Schonen, bald nach 500) im Innern eines Torfstückes gefundenen beinernen Amulett in Form eines Fisches oder einer Schlange ist eine zweizeilige Runeninschrift eingeritzt. Die eine Zeile ist in Lautrunen verfaßt: *Ek erila**R** sa wilaga**R** ha(i)teka* „Ich, Eril, hier heiße Listig" (vgl. §§ 20 u. 40). Die andere Zeile enthält rein magische Runen von unsicherer Bedeutung; diese Zeile schließt mit dem Formelwort *alu*. In jeder dieser beiden Zeilen standen wahrscheinlich 24 Runen, also die Zahl der Runen im Futhark.

Die Inschrift auf dem Holzkästchen von Garbølle ist bereits § 33 behandelt worden.

§ 51. Von Runeninschriften auf Knochen sind außerdem
noch drei auf sog. Schrapmessern gefunden worden, die
zum Abschrapen der Haut des Schlachtviehs benutzt
wurden; darunter die Inschrift von Fløksand (vgl. §§ 20
u. 38): *lina laukaʀ* „Lein (und) Lauch" nebst einer von
anderer Hand hinzugefügten einzelnen *f*-Rune, die vermutlich gleichfalls Gedeihen von Vieh und Fahrhabe des
Hofes magisch bewirken soll.

Umfangreicher ist die Inschrift auf den beiden Seiten eines
Kammes von Setre (Südwestnorwegen): Auf der einen
Seite steht in zwei Zeilen **hal maʀ | mauna,** auf der
anderen Seite **alunąalunąna,** was möglicherweise auf
klassisch altisländisch lauten würde *heil, mær *meyna
(meyja)! ǫl Nanna! ǫl Nanna!* „Heil, Mädchen der Mädchen!
Alu (vgl. § 38) Nanna! (zweimal)". Nach Schrift und
Sprache gehört diese Inschrift bereits in die Übergangszeit
und ist dem Anfang des 7. Jh.s zuzuschreiben.

§ 52. Von den Inschriften auf Metall und auf kleinen
Steinen seien hier nur wenige herausgegriffen:

Die bisher älteste Runeninschrift überhaupt (Ende des
2. Jh.s) befindet sich auf dem Speerblatt von Øvre Stabu
(Ostnorwegen). Die Runen sind in Schraffiertechnik und
zwischen Randlinien stehend eingeritzt: *raunijaʀ* = aisl.
reynir „Erprober", offenbar eine magisch-poetische Bezeichnung des Speeres (vgl. die ostgermanischen Speerblätter § 70).

Das eine der beiden berühmten Goldhörner von Gallehus
bei Tondern (um 400), deren Kern von immer kleiner
werdenden Ringen mit kultischen und volkskundlichen
Bildern und mit Sinnbildern umgeben ist, trägt um den
oberen breiten Rand herum den ältesten germanischen
Stabreimvers: *ek Hlewagastiʀ Holtijaʀ horna tawido* „Ich,
H. (aisl. *Hlégestr), Holtes Sohn, machte das Horn".

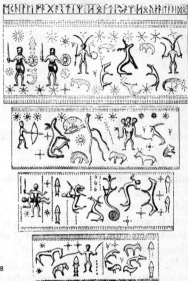

Fig. 13 Horn B. von Gallehus
(nach Paulli)

Ein kleiner Angelstein aus Førde (Westnorwegen, um
500) zeigt in besonders gut erhaltenen Runen den weiblichen Kosenamen *Aluko*. Auf der Rückseite ist ein Fischbild primitiv eingeritzt, so daß man annehmen darf,
daß es sich um einen Fischereizauber handelt; (vgl. die
Inschrift von Södra Kvinneby, § 36).

Das einzige Beispiel eines rhythmischen Arbeitsgesanges
ist uns auf dem Wetzstein von Strøm (Mittelnorwegen)
erhalten: **wate hali hino horna! haha skaþi, haþu ligi!**
Die zweite Hälfte der Inschrift bietet der Deutung große
Schwierigkeiten. Das ganze ist vielleicht zu übersetzen:
„Netze diesen Stein das Horn! Schädige das Grummet!

Es liege die Mahd!" Sprachlich, zum Teil auch den Runenformen nach, steht die Inschrift zwischen der klassisch-
urnordischen Periode und der Übergangszeit und ist um
600 zu datieren.

c) Brakteaten

§ 53. Die nordischen Goldbrakteaten, zum großen Teil
aus Dänemark und Gotland stammend, aber durch Raub
oder Handel weithin bis nach Niedersachsen zerstreut,
sind dünne Goldscheiben, deren eine Seite durch Stempel
mit Ornamenten, bildlichen Darstellungen, gelegentlich
auch mit Runen geschmückt ist. Sie hatten eine Öse und
wurden mittels einer Schnur um den Hals getragen als
Schmuck, aber auch — besonders bei dem Vorhandensein
von Runen — als Amulett. Gelegentlich wurden mehrere
Brakteaten vom gleichen Stempel und durch eine goldene
Stange verbunden zusammengefügt: Das schönste Beispiel
dafür ist der Brakteat von Faxe (Seeland), der aus drei je
gedoppelten Brakteaten mit der magischen Inschrift
fozlau (**fo** vielleicht die erste und die letzte Rune als Ab-
kürzung des Futharks) besteht.

§ 54. Der Zeitraum, in den die Brakteaten fallen, ist
archäologisch einigermaßen genau bestimmbar: Die figür-
lichen Darstellungen der Brakteaten gehören sämtlich
dem sog. Tierstil I an. Da nun der noch stärker verzerrte
Tierstil II etwa in der zweiten Hälfte des 6. Jh.s den
Norden erreicht hat, andererseits die Vorbilder der Brakteaten, nämlich römische Gold-Medaillons, um 400 auf-
hören, läßt sich die nordische Brakteatenzeit etwa von der
2. Hälfte des 5. Jh.s bis in die 2. Hälfte des 6. Jh.s datieren.
    Die Runenbrakteaten werden je nach der Art der bild-
lichen Darstellung in mehrere Gruppen eingeteilt; A.

Männerkopf; B. Gruppendarstellung; C. (weitaus am häufigsten) Kopf über Pferd stark verzerrt; F. Pferdebild, mehr naturalistisch.

§ 55. Bei der Beurteilung der Runeninschriften auf den Brakteaten ist zu bedenken, daß die Hersteller dieser Brakteaten nur in seltenen Fällen der Runen noch mächtig waren, daß die meisten vielmehr alte Vorbilder nun in mehr oder weniger entstellter Form anwandten, sehr häufig mehr auf den Raum als auf die Bedeutung der Inschrift bedacht. Vor allem wurden alte magische Formeln verwendet (§ 38), die teils in richtiger, sehr häufig aber in mehr oder weniger entstellter Form eingeprägt wurden; in vielen Fällen ist die ursprüngliche Formel für uns überhaupt nicht mehr erkennbar. Hier seien von den etwa 128 uns bisher bekannten Runenbrakteaten nur einige wenige längere und verständliche Inschriften wiedergegeben:

Brakteat II von Seeland: *Hariuha haitika farauisa gibu auja* „H. heiße ich, der Gefährliches Wissende. Ich gebe Glück.“ Unmittelbar nach den Runen steht noch ein baumartiges Zeichen mit drei nach unten gerichteten Zweigpaaren. Man kann darin entweder ein altes Sinnbild (vgl. § 6) oder eine in sich verdreifachte Týr-Rune sehen. Wahrscheinlich hat der Runenmeister absichtlich beide Möglichkeiten ineinander vereinigt.

Brakteat von Skodborg (Jütland; Tafel II): *auja Alawin!* (dreimal hintereinandergesetzt); *j(ara) Alawid!* „Glück Alawin! (dreimal); Gutes Jahr Alawid!“.

Brakteat I von Tjurkö (Blekinge): *wurte runoʀ an walhakurne Heldaʀ Kunimu(n)diu* „Es wirkte die Runen auf dem welschen Korn (= Gold) Held dem Kunimund“.

Die zwei von dem gleichen Stempel geprägten Brakteaten von Väsby (Schonen) und Äskatorp (Halland) ent-

halten eine nicht gut überlieferte Inschrift: *Wigar, e(k)
erilar f[a]hidu wilald* „Wig, ich der Eril (vgl. § 40), schrieb
das Kunstwerk". Am Schluß verkürzt ist die Inschrift I
von Nebenstedt, Kr. Dannenberg (Tafel II) *glïaugir uïu
r(ū)n(ō)r* „Ich, der Glanzäugige (§ 40), weihe die Runen."

d) Felsritzungen

§ 56. Schon seit der Steinzeit gab es in Norwegen und
Schweden Ritzungen von Sinnbildern und eigentlichen
Bildern an abschüssigen oder ebenen Felspartien. Die
ältesten dieser Art beziehen sich anscheinend im wesentlichen auf Jagd und Fischfang und werden einer vor-
germanischen Bevölkerung zugeschrieben.

Im Laufe der BZ ändert sich der Inhalt solcher Felsritzungen: Jetzt erscheinen besonders häufig altertümliche
Schiffsdarstellungen teils mit, teils ohne Andeutung der
Mannschaft. Daneben treten bestimmte Sinnbilder sowie
menschengestaltige Wesen, oft in Gruppen vereinigt, die
sich teilweise auf den Kultus (mit Götterdarstellungen?),
teils auf Volksbräuche zu beziehen scheinen. Die Verfasser
dieser Art von Felsritzungen waren bereits Germanen.
Späterhin, während der VWZ, begann man, derartigen
Felszeichnungen auch Runeninschriften hinzuzufügen oder
überhaupt nur Runen zu verwenden.

§ 57. Von den Felsritzungen mit Runen und Sinnbildern
ist die berühmteste die an einer lotrechten Felswand bei
dem Hofe Kårstad im Nordfjord (Westnorwegen) in Punz-
technik angebrachte, nur zu einem Teil erhaltene groß-
räumige Zeichnung (Tafel IV). Die gesamte Darstellung
ist offenbar zu verschiedenen Zeiten angelegt worden: Zur
ältesten Schicht gehören die schlittenartigen Schiffe (gegen
Ende der BZ oder in der vorrömischen Eisenzeit). Die

Schiffe mit gegabeltem Steven gehören der Zeit um 200 n. Chr. an. Das mehrfach geknickte Hakenkreuz wird von A. Nordén dem Anfang des 5. Jh.s n. Chr. zugeschrieben, und die zweizeilige und linksläufige Runeninschrift in der Mitte aller dieser Sinnbilder dürfte bald danach, also in der Mitte des 5. Jh.s, entstanden sein. Obere Zeile: *ek aljamarkiʀ* „Ich, der aus einer anderen Mark stammende" (vgl. den gallischen VN *Allobroges*), offenbar die Bezeichnung des Runenmeisters. — Untere Zeile (von anderer Hand) *baijoʀ*, nicht sicher deutbar, vielleicht „die Krieger". Auch bei den Runen dürfte es sich kaum um eine reine Spielerei handeln, weil eben diese beiden Zeilen offenbar mit Bedacht in die Mitte der Sinnbilder gesetzt worden sind.

Dagegen scheint die — ebenfalls nur flach aufgeklopfte — Inschrift von Valsfjord (Mittelnorwegen, um 400) *ek Hagustaldaʀ, þewaʀ Godagas* „Ich, Hagestolz (hier = junger Krieger), der Gefolgsmann Godags", nicht mehr als eine Spielerei zu sein.

Die Sitte der Felsritzungen mit Runen setzte sich noch bis in die WZ hinein durch. Hier sei — in zeitlicher Vorwegnahme — die Felsinschrift von Ingelstad (Ostgötland, erste Hälfte des 9. Jh.s) angeführt (vgl. W. Krause, Was man in R. ritzte[2], 15), die in Stutzrunen (§ 12) eine zweizeilige Inschrift enthält: „Salsi machte die Sonne. — Dag hieb das Schwert (?) ein". Über der oberen Zeile ist das Bild einer Waffe, vielleicht eines Schwertes eingehauen, unter der unteren Zeile ein primitives Sonnenbild. Runologisch bemerkenswert an dieser Inschrift ist der Umstand, daß der Runenritzer Dag diesen seinen Namen nur durch d e von Trennungszeichen eingeschlossene *d*-Rune zu er-kennen gibt, die eben den Namen urnord. *dagaʀ* (klass.-altnord. *dagr*) trug (§ 16) und im 9. Jh. als Lautrune längst außer Gebrauch gekommen war.

e) Bautasteine und Steinplatten

§ 58. Bautasteine („emporstoßende Steine" zum altnordischen Verbum *bauta* „stoßen") sind hochragende und
sich nach oben verjüngende Findlingssteine in einer Höhe
von 1—6 Metern, die meist in enger Verbindung mit einer
Grabanlage stehen. Seit etwa 300 n. Chr. tauchen solche
Steine im Gebiet von Norwegen und Schweden sowie auf
Bornholm in großer Zahl auf. In den eddischen Hávamál
Str. 72 heißt es (in wörtlicher Übersetzung): „Selten
(= niemals) stehen Bautasteine am Wegesrande, wenn sie
nicht ein Gesippe den Gesippen setzt."

Gegen Ausgang dieser Periode kam die Sitte auf, derartige Bautasteine sowie flache stehend oder liegend angebrachte Steinplatten mit einer Runeninschrift zu versehen.
Die ältesten derartigen Inschriften nennen im allgemeinen
noch nicht den Namen des Toten. In steigendem Maße aber
wird sowohl der Name des Runenmagikers und zugleich
der Name des Toten genannt, schließlich nur noch der
Name des Toten. Aus dem Bautastein entwickelte sich
dann der Gedenkstein für einen Toten, und diese Form
wurde dann in der WZ in Norwegen, Schweden und Dänemark herrschend.

§ 59. Auf einer Reihe von Bautasteinen sind entweder
für sich oder in Verbindung mit einem anderen Text
magische Formeln eingemeißelt, so etwa auf den bereits früher (§ 37 f.) behandelten Steinen von Elgesem,
Årstad und Vetteland. Hier sei noch der Stein von
Kalleby im Kirchspiel Tanum (Bohuslän, um 400) hinzugefügt. Die Inschrift *þrawijan haitinaʀ was* ist vielleicht mit A. Nordén zu übersetzen „sich zurückzusehnen
(nach dem Grabe) war er (der etwaige Wiedergänger)
geheißen".

§ 60. Bei dem Hofe Eggja („die Ecken", früher meist
Eggjum D. Pl. genannt) hoch über dem Sogndalsfjord
(Südwestnorwegen) wurde im Innern eines Flachgrabes
eine Steinplatte mit einer rein kultisch-rituellen Inschrift
gefunden. Sie ist die längste aller bisher bekannten urnordischen Runeninschriften mit insgesamt 192 (= 8 × 24)
Runen. Sie gehört nach Runen- und Sprachform sowie nach
dem archäologischen Befund der Übergangszeit von den
älteren zu den jüngeren Runen an und ist etwa um 700
zu datieren.

Der kultisch-magische Inhalt geht schon aus dem einigermaßen sicher deutbaren stabreimenden Anfang (in der
untersten Zeile) hervor: *ni's solu sot(t) uk ni sakse stain(n)
skorin(n)* „Nicht ist's (nämlich das Werk der Ritzung)
von der Sonne getroffen und nicht von einem Messer
(aus Eisen) der Stein geschnitten". Die Fortsetzung der
unteren Zeile ist etwa zu übersetzen „Nicht lege (?)
man ihn nackt (mit der entblößten Runenseite) hin,
nicht sollen . . . irregeleitete Menschen (ihn) beiseite (?)
legen."

Noch schwieriger ist die inhaltlich offenbar folgende
obere Langzeile zu lesen und zu deuten: „Diesen (Stein)
hier bewarf (der) Mann (= der Runenmagiker?) mit
Leichensee (Umschreibung für „Blut"), rieb mit ihm
(= mit dem Blut?) die Dollen (?) in dem bohrmüden
(= angebohrten?) Boot (?) ab." — „Als wer (= in welcher
Gestalt) ist der Heer-Ase (= Odin?) (oder: Wer ist als
Krieger) gekommen hierher auf das Land der Krieger? Fisch,
aus dem Schreckensstrom (?) schwimmend, Vogel, in die
Schar der Feinde (?) schreiend." Eine kurze, auf dem
Kopf stehende und linksläufige Zwischenzeile lautet:
Alu mis(s)urki, was vielleicht bedeutet „*Alu* (vgl. § 38)
dem Missetäter (= dem Grabschänder oder dem Wiedergänger)".

Die Ritzung des Steines mußte also bei Nacht ge-
schehen, weil bei Tageslicht die magische Handlung un-
wirksam sein könnte. Der Stein darf nicht aus seiner
Lage (im Innern des Grabes und mit der Runenschrift nach unten) gebracht werden. Im zweiten Teil
werden uns weithin unverständliche Riten angedeutet:
Es scheint, daß der Tote in einem Boot über den Fjord
auf die „Ecken" gebracht wurde, wonach dieses Boot
rituell unbrauchbar gemacht wurde. Sodann wurde möglicherweise der höchste Gott Odin zitiert, der in Fisch
und Vogelgestalt den Toten in das Götterreich bringen
sollte.

Dafür, daß (nach G. Høst) der Gott Odin als „Heer-
Ase" in der oberen Langzeile genannt wird, könnte auch
der Umstand sprechen, daß zwischen den drei Zeilen der
Inschrift und offenbar gleichzeitig mit deren Runen eine
unvollständige Pferdefigur geritzt ist, die sich auf Odins
Attribut, sein Roß Sleipnir, bezöge.

§ 61. Während auf der Steinplatte von Eggja der Runen-
magiker zwar eine bedeutende Rolle spielt, seinen eigenen
Namen aber nicht preisgibt, tritt in einer Reihe anderer
Runeninschriften der Runenmeister mit Angabe seines
Namens auf, aber ohne den Namen des Toten zu nennen.
So enthält der Stein von Einang (Valdres, Ostnorwegen,
2. Hälfte des 4. Jh.s) die in der Mitte schwer leserliche
linksläufige Inschrift [ek Go]dagastiʀ runo faihido „Ich,
Godagast, schrieb die Rune (hier in kollektiver Bedeutung,
vgl. § 1)". Das hier benutzte Verbum (urnord. *faihian)
hatte zunächst die Bedeutung „malen", und wir wissen
aufgrund winziger Farbreste auf einigen Runensteinen der
WZ, daß die Runeninschriften auf Steinen ursprünglich
bunt bemalt waren. Schon früh aber erhielt jenes Verbum
die allgemeinere Bedeutung „schreiben", die sicher für die

Brakteat-Inschriften gilt, weil bei ihnen eine Bemalung
nicht in Frage kam.

Ebenfalls linksläufig ist die Inschrift auf dem Steine
bei dem Gehöft Nordhuglo auf der kleinen Insel Huglo
(Südwestnorwegen, erste Hälfte des 5. Jh.s). Der Schluß
der Inschrift ist durch eine Absplitterung nicht mehr lesbar.
Die ganze Inschrift lautete vielleicht *ek gudija ungandiʀ i
H[ugulu]* „Ich, der Gode, (= Priester) Unzauber (= der
gegen Zauber Gefeite) in Huglo".

Auf dem an der Spitze abgebrochenen Stein von Järsberg
(Värmland, erste Hälfte des 6. Jh.s) befindet sich eine in
mehreren senkrechten Zeilen angebrachte Inschrift; die an
der linken Seite von oben nach unten laufende Zeile lautet:
(…) ubaʀ hite harabanaʀ. Diese Zeile setzt sich offenbar
an der rechten Seite oben und linksläufig fort mit dem
Komplex **hait[e]** … Alsdann folgt die in ziemlich großen
Runen verfaßte Inschrift, die in der Mitte der rechten
Seite rechtsläufig mit den Worten **ek erilaʀ** beginnt, und
sodann zunächst in rechtsläufigen, zum Schluß linksläufigen Runen **runoʀ waritu** eingemeißelt ist. Die Übersetzung lautet wahrscheinlich: „Der Tückische heiße ich,
Hrabn („Rabe") heiße ich. Ich, Eril (vgl. § 40), ritze die
Runen." Bei dieser Auffassung würde der Runenmeister
(Eril) sich zunächst mit seinem Beinamen „der Tückische"
nennen, darauf mit seinem gewöhnlichen Namen Hrabn.
Nimmt man aber an, daß oberhalb des Komplexes **ubaʀ**
in dem jetzt abgebrochenen Kopfstück einige wenige Runen
verlorengegangen sind, so müßte man irgendeine Ergän-
zung vornehmen, was allerdings bedeutungsmäßig wenig
wahrscheinlich ist.

§ 62. Von wesentlich anderer Art ist die Inschrift auf
dem verhältnismäßig kleinen Stein von Roes (Gotland).
Die Inschrift befindet sich unmittelbar rechts neben dem

Bilde eines nach links gewandten springenden Hengstes
und lautet **iu þin úðʀ rak** „Diesen Hengst trieb Udd an".
Es handelt sich wahrscheinlich um einen Schadenzauber
gegen irgendeinen Feind des Runenritzers Udd. Die Inschrift ist nach Runen- und Sprachform (gotländisch)
keinesfalls älter als die Mitte des 8. Jh.s, gehört also dem
Ausgang der Übergangsperiode an.

§ 63. Während in den Inschriften der §§ 59—61 der
Name eines Toten nicht genannt wurde — nur die Inschrift von Eggja ist in dieser Hinsicht nicht eindeutig —
erscheint auf den Denkmälern der §§ 63—64 ein solcher
Name. Dabei lassen sich zwei- und einseitige Grabinschriften unterscheiden. In jenen ist der Name sowohl des
Runenmeisters wie der des Toten genannt. Von den sieben
hierher gehörigen Inschriften seien nur zwei angeführt:

Der wahrscheinlich zu einem alten Heiligtume gehörende
Stein von Tune (Südostnorwegen, um 400) ist auf beiden
Breitseiten beschrieben: A. Zeile 1 rechtsläufig von oben
nach unten, Zeile 2 linksläufig von unten nach oben;
B. Zeile 1 linksläufig von unten nach oben, Zeile 2 linksläufig von oben nach unten (Schlangenlinienform, vgl. oben
§ 4), Zeile 3 rechtsläufig von unten nach oben. Die ganze
Inschrift lautet: A. *ek Wīwaʀ after Wōdurīdē wita(n)da-h^a
laiban wor^ahtō r[ūnōʀ]*. „Ich Wiw nach Wodurid („Wut-
reiter" = Name eines Odinspriesters), meinem Brotherrn,
wirkte die Runen." — B. *[mē]ʀ Wōdurīdē staina þrijōʀ
dohtriʀ dālidun arbija (a)rjōstēʀ arbijanō* „Mir (?), dem
Wodurid, den Stein drei Töchter bereiteten (?), das Erb-
mahl (aber) die vornehmsten (oder: die dem Erbe Zu-
nächststehenden?) der Erben." Ist diese Lesung richtig,
so könnte sie darauf hindeuten, daß zu jener Zeit und
an jenem Ort die Töchter nicht erbberechtigt waren.

Der Stein von Kjølevik (Südwestnorwegen, 5. Jh.) ent-
hält in drei linksläufigen Zeilen den Text: *Hadulaikaʀ ek
Hagusta(l)daʀ hlaiwidō magu mīninō* „Hadulaik (ruht hier).
Ich, Hagustald, begrub meinen Sohn".

§ 64. Die „einseitigen" Grabinschriften weisen nur
einen PN auf, teilweise nur diesen. In den meisten
Fällen wird es sich dabei um den Namen des Toten
handeln; dies sicher, wenn der Name im Genitiv steht,
z. B. *Hnabudas hlaiwa* „Hnabud's (eigtl. ‚des Verstüm-
melten') Grab" auf dem Stein von Bø (Südwestnorwegen,
um 500).

Der dem gleichen Zeitraum zuzuweisende jetzt verlorene
Stein von Saude (Telemark, Südnorwegen) trägt nur das
eine Wort *Wa(n)darādas* „Wandrad's (Stein)". Die Inschrift des ursprünglich in einem Steinkreis stehenden
Steines von Rävsal (Bohuslän, ehemals zu Norwegen ge-
hörig) *Hariwulfs stainaʀ* „H.'s Steine" kommt in Sprach-
und Runenformen den ältesten dänischen Gedenksteinen
der WZ so nahe, daß man sie der Mitte des 8. Jh.s zu-
weisen wird.

Eine andere Formulierung zeigt die Inschrift des Steines
von Amla (Westnorwegen, 2. H. des 5. Jh.s) . . . *iʀ h(l)ai-
widaʀ þar* „N. N. ist hier begraben".

§ 65. Einige Gedenksteine tragen nur ein oder zwei
Personennamen im Nominativ, die, zumindest überwiegend,
den Namen des Toten bekanntgeben. Der Stein von Skääng
(Södermanland, Schweden, um 500) zeigt in der senkrechten
Mittelachse im urnordischen Futhark die zwei Namen
Harija Leugaʀ, dazu hinter jedem Namen offenbar eine
Hofmarke. Der gleiche Stein ist aber rund ein halbes
Jahrtausend später zu einer stereotypen Gedenkinschrift in
jüngeren nordischen Runen im Rahmen eines Schlangen-

bandes benutzt worden (vgl. § 5): „Skammhals und Olof, die ließen machen dieses Mal nach Sven, ihrem Vater. Gott helfe seiner Seele!"

Auch die Inschrift *Ski(n)þa-Leubaʀ* „Pelz-Leub" auf dem ostgötischen Stein von Skärkind (um 450) dürfte sich eher auf den Namen des Toten als auf den des Runenmeisters beziehen. — Das Nämliche gilt von der Inschrift **mairlɒu** = *Mārilingu* (?) auf dem mittelnorwegischen Stein von Tanem (um 500), weil der ersichtlich weibliche Name kaum auf einen Runenmeister bezogen werden kann.

§ 66. Das Prachtstück unter den einseitigen Gedenkinschriften ist der Bildstein von Möjbro (Uppland, Schweden, um 450; Tafel V): Über dem Bild eines von zwei Hunden begleiteten Kriegers steht eine zweizeilige linksläufige Inschrift *Frawarādaʀ ana hāhai slaginaʀ*, deren Deutung freilich umstritten ist, vielleicht „Frawarad auf dem Renner erschlagen".

f) Die Blekinger Steine

§ 67. Aus der Südostecke der schwedischen (ehemals dänischen) Landschaft Blekinge sind uns vier auch inhaltlich zusammengehörige Runensteine aus dem 7. Jh. bekannt: Der Stein von Istaby (um 625, jetzt in Stockholm) stand auf der jetzigen Halbinsel (ehemaligen Insel) Lister. Gegenüber auf dem Festland neben dem Schloß Sölvesborg erhob sich in einem Steinkreis der Runenstein von Stentoften „Steinacker" (um 650, jetzt in der Kirche von Sölvesborg) und in seiner Nähe der 1728 in Kopenhagen verlorengegangene kleine Stein von Gummarp (bald nach 600). Schließlich erhebt sich etwa 55 km nordöstlich davon der 4 m hohe Runenstein von Björketorp (um 675), der

zusammen mit zwei ebenso hohen, aber runenlosen Stein-
riesen ein Dreieck bildet.

Die drei zuerst genannten Runensteine nennen die Namen
mehrerer Kleinkönige jener Gegend: Deren ältester war
Heruwolf (aisl. *Hjǫrólfr*), zwei Nachkommen von ihm,
vielleicht Brüder (oder Neffe und Enkel), waren Hariwolf I.
(*Herjólfr*) und Haþuwolf (*Hálfr*), der Sohn des letzteren
nach seinem Oheim wiederum Hariwolf (II.) genannt.

§ 68. Der älteste dieser drei Steine ist der uns nur noch
durch alte Zeichnungen bekannte von Gummarp: „Hathuwolf setzte drei Stäbe (= Runenstäbe) *fff*.“ — Die Rune *f*
bedeutete „Vieh, Fahrhabe“ (vgl. § 20). Wir sehen hier
also den König Hathuwolf beim Anbringen von Wohl-
standsrunen für sein Volk.

Der Stein von Istaby zeigt die Inschrift: „Nach Hariwolf (I.) schrieb Hathuwolf (vermutlich identisch mit den
gleichnamigen Personen von Gummarp und Stentoften),
Heruwolfs Sohn (bzw. Enkel) diese Runen“.

Demselben, inzwischen verstorbenen Hathuwolf setzte
sein dankbares Volk den ehrenden Gedenkstein von Stentoften: „Den neuen Siedlern, den neuen Gästen (des königlichen Gefolges) gab Hathuwolf (gute) Jahre, Hariwolf (II.)
ist jetzt . . . Schutz.“ Darauf folgt eine bereits oben § 35
behandelte Fluchformel gegen einen etwaigen Denkmals-
schänder.

Mit „den neuen Siedlern“ sind nach O. v. Friesen Ein-
wanderer aus Südnorwegen gemeint.

Der Stein von Björketorp endlich, der sprachlich jüngste,
ist dagegen kein Gedenkstein, sondern gehört mit seinen
zwei Nachbarn wohl zu einer alten Thingstätte. Er enthält — außer der Warnung „Schadenprophezeiung“ —
die gleiche Fluchformel wie die auf dem Stein von Stentoften (vgl. oben § 35).

3. Ostgermanische Runendenkmäler

§ 69. Im Jahre 1837 wurde am Osthang des Berges Istritza
(Walachei, Rumänien) ein kostbarer Goldschatz von 22
Stücken gefunden, der indessen nach und nach großenteils
verlorenging

Fig. 14 Ring von Pietroassa
(nach Stephens)

mit Ausnahme eines Runenringes von 16 cm Durchmesser.
Aber auch dieser Ring wurde teilweise zerstört, bis nur
noch das dem Verschluß gegenüberliegende in zwei Teile
zerbrochene Stück — und zwar das mit der Inschrift —
übrigblieb und 1956 in das Nationalmuseum zu Bukarest
zurückgelangte. Die Inschrift, deren gotischer Charakter
nach Fundort, Sprache und Inhalt gesichert ist, wird
folgendermaßen gelesen: *Gutanī ō(þal) wī(h) hailag* „Der
Goten Erbgut, geweiht (und) heilig (= unverletzlich)".
Der oben erwähnte Bruch geht durch die *o*-Rune. Der
gesamte Tempelschatz ist wahrscheinlich von dem West-

gotenfürsten Athanarich bei seiner Flucht vor den Hunnen zwischen 376 und 380 am Berghang versteckt worden. Die Runeninschrift ist also ungefähr gleichzeitig mit der Bibelübersetzung des Westgotenbischofs Ulfila.

Geraume Zeit schon vor den Runen war (unter dem Raum der *o*- und *w*-Rune) ein jetzt nur noch schwach erkennbares Sinnbild, ein Dreiwirbel oder ein Hakenkreuz, eingeritzt worden.

Auf einem erst kürzlich bei Leţcani (Rumänien, Moldau) von Dr. Cătălina Bloşiu gefundenen Spinnwirtel des 4. Jh.s war vor dem Brennen des Tons eine (bisher noch unveröffentlichte) zweizeilige Runeninschrift in westgotischer Sprache eingeritzt: *Idons* (G. Sg. f.) *uft he*(*r*). — *Rano*. „Ido's Gewebe hier. Rango (Koseform zu gotischen Namen wie *Ragnahilda*)."

§ 70. Von den übrigen ostgermanischen Runendenkmälern sind die sämtlich dem 3. Jh. zuzuweisenden Lanzenbzw. Speerblätter zu nennen, in die mittels Silbertauschierung Sinnbilder und Runen angebracht worden sind: Das seit seiner Auffindung (1858) zweimal — seit 1945 wohl endgültig — verlorengegangene Lanzenblatt von Kowel (Wolhynien, Sowjetunion; vgl. Tafel III) zeigt neben Sinnbildern germanischer und pontischer Herkunft die linksläufige Runeninschrift *tilarīds*, ein Wort mit der typisch ostgermanischen Nominativendung -*s*, etymologisch wahrscheinlich „Zielreiter", eine magisch-poetische Bezeichnung der Lanze (vgl. „Erprober", Øvre Stabu, § 52). Die Waffe gehörte wohl einem vom Pontus zur Ostsee rückwandernden Goten.

Das in der Technik ganz ähnliche Lanzenblatt von Dahmsdorf (Mark Brandenburg) bietet eine inhaltlich ähnliche Inschrift *ran*(*n*)*ja* „Anrenner" und wird wegen des Fundortes für burgundisch gehalten. — Über die Schnalle von Vimose vgl. § 35.

4. Südgermanische Runendenkmäler

§ 71. Die etwa 30 bekannten südgermanischen („deutschen") Runeninschriften, die vom Anfang des 5. bis zum
Ausgang des 7. Jh.s reichen, sind — mit Ausnahme der in
ihrer Echtheit umstrittenen Höhleninschrift vom Kleinen
Schulerloch im Altmühltal — ausschließlich auf losen
Gegenständen, hauptsächlich auf Fibeln (mit den Runen
auf der Rückseite), anderen Schmucksachen und sonstigen
kleinen Gebrauchsgegenständen sowie auf Messern und
Waffen angebracht. — Sie alle sind im älteren Futhark
von 24 Typen mit nur wenigen und geringfügigen Varianten verfaßt. Linksläufige Schriftrichtung begegnet nur
auf vier Denkmälern.

Die Sprache dieser Inschriften, soweit sie den später
hochdeutschen Stämmen zuzuweisen sind, steht dem literarischen Althochdeutschen schon sehr nahe. Freilich erscheint die hochdeutsche Lautverschiebung größtenteils
noch nicht durchgeführt, z. B. in Wörtern wie *Wōdan* (ahd.
Wuotan) oder *wraet* (ahd. *reiz*). Ausnahmen sind *Idorīh*
(Speer von Wurmlingen, Vorahd. *-k*) und vielleicht *d(i)h*
(Fibel von Osthofen, für ält. *þik*) „dich".

§ 72. Bei dem ziemlich gleichförmigen Inhalt der südgermanischen Runeninschriften mögen hier wenige Beispiele genügen:

Altsächsisches Gebiet: Die in einem wohlerhaltenen
Frauengrab von Beuchte (Kr. Goslar) gefundene silber-
vergoldete Bügelfibel aus der 2. Hälfte des 6. Jh.s zeigt
auf der linken Seitenfläche der Rückseite den Anfang des
Futharks von *f—r* mit den Zufügungen der zwei Runen *z* (?)
„Abwehr" (?) und *j* „gutes Jahr" vgl. §§ 16 und 20, an der
oberen Kante den Namen des Runenmeisters **buirso**,
wohl = *Būriso*. — Die in einem Kriegergrab bei Liebenau

(Mittelweser) gefundene und zu einem Wehrgehenk gehörige silberplattierte Kupferscheibe gehört noch dem Anfang des 5. Jh.s an; ihre Inschrift ist noch nicht sicher gedeutet.

Altfränkisches Gebiet: Zwei vollständige Sätze bietet die Bügelfibel von Freilaubersheim (2. Hälfte des 6. Jh.s): *Bōso wraet rūna. þ(i)k Daþina gōlida.* „B. ritzte die Rune (wohl kollektiver Singular, vgl. §§ 1 und 61); dich grüßte D.". — Die etwa gleichzeitige Scheibenfibel von Soest zeigt zwei Frauennamen *Rāda, Daþa* sowie den in Form eines Runenkreuzes angebrachten Namen des Runenmeisters *At(t)ano.* — Auf der Scheibenfibel von Friedberg (gegen 600) ist nur der Frauenname *Þuruþhild* eingeritzt, und die etwa gleichzeitige jetzt verlorene Bügelfibel von Engers zeigt lediglich einen Komplex *leub,* der wohl als Wunschwort „Liebes" aufzufassen ist.

Altthüringisches Gebiet: In zwei Frauengräbern (1. Hälfte des 6. Jh.s) eines alten Friedhofes von Weimar sind zwei Fibeln, ein Schnallenrahmen und eine Bernsteinperle mit Runen zutage gekommen. Hier sei nur die Inschrift des Schnallenrahmens wiedergegeben: *Ida Bigina Hāhwar.* — *Awimund Isd(ag?) leob(?) Idun,* was vielleicht zu übersetzen ist: „Ida (besitzt dies). — Bigina (und) Hahwar (schenken oder: wünschen Glück). — Awimund (und) Isdag (?) (wünschen) Liebes der Ida."

Altalamannisches Gebiet: Die bedeutendste aller südgermanischen Runeninschriften ist die auf der größeren Spange von Nordendorf (bei Augsburg, Anfang des 7. Jh.s). Ihre Deutung ist stark umstritten: Von den drei waagerechten Runenzeilen enthält die mittlere den Götternamen *Wōdan,* die untere den Namen *Wigiþonar* „Weihe-Donar" (vgl. aisl. *Vingþórr*). Die obere Zeile **logaþore** ist noch nicht sicher gedeutet. Neben der untersten Zeile

stehen noch die Namen *Awa* (f.) *Leubwini* (m.), vielleicht
die schenkenden oder glückwünschenden Personen. —
Die etwa gleichzeitige Scheibenfibel von Schretzheim bei
Dillingen zeigt in der Mitte einen Männernamen *Leubo*,
am Rande die Widmung *si(n)þ wag(j)a(n)din* „dem eine
Reise Betreibenden".

Langobardisch: Der Mitte des 6. Jh.s gehören die
paarigen Bügelfibeln von Bezenye (Westungarn) an: Die
Inschrift der einen lautet: *Godahi(l)d unja* „G. (wünscht)
Wonne", die andere *(i)k Arsiboda segun* „Ich, A., Segen".

Der Stammeszugehörigkeit nach unsicher ist die silberne
Gürtelschnalle von Szabadbattyán (Ungarn, Anfang des
5. Jh.s). Sie ist zu lesen entweder *Mār(i)ng s(egun) d(eda)*
„M. machte den Segen" und wäre dann südgermanisch;
oder *Mar(hi)ngs*, gefolgt von einem symbolischen Zeichen,
und wäre dann gotisch.

5. Anglo-friesische Runendenkmäler

§ 73. Von den Zusatzrunen der anglo-friesischen Runenreihe (vgl. § 8) sind in den uns bisher bekannten friesischen Inschriften, soweit sie unbestritten echt sind, nur
zwei bezeugt, nämlich die Runen für *o* und *a*. Die friesischen Runeninschriften — im Zeitraum zwischen 500
und 800 — finden sich ausschließlich auf losen Gegenständen und können rechts- oder linksläufig sein. Die
Sprache ist bedeutend altertümlicher als die der altfriesischen Literaturdenkmäler.

Von den bisher rund 15 bekannten Inschriften seien
hier nur wenige behandelt. Über den Botenstab von Arum
s. oben § 33. — Die ältesten friesischen Runeninschriften
sind in Münzen (Nachbildungen römischer Kaisersolidi),
etwa aus der Zeit um 500 geprägt. Der Solidus von Har-

lingen (Westfriesland) trägt nur den Kurznamen *Had(d)a*
(zu germ. *haþu-* „Kampf"). — Die Inschrift auf dem
Solidus von Schweindorf (Ostfriesland) ist nicht sicher
zu deuten: **welad** oder **þelad**, möglicherweise noch mit
einem Endvokal **-u**. Vielleicht liegt der Name des berühmten Schmiedes *Wēland(u)* vor, hier als Künstlername
verwendet. — Ungewiß, ob altfriesisch oder altenglisch, ist
die Inschrift **skanomodu** (PN „Schönmut"?) auf einer
im Brit. Museum verwahrten Nachprägung eines Solidus
des Honorius (gest. 423). Nur die *a*-Rune ist anglo-frie-
sisch, die *k*- und die *o*-Rune dagegen zeigen altgermanische
Formen.

Das Webeschwert von Westeremden (gegen 800) trägt die
Inschrift: *Adugīslu m(i)þ Gīsuh(i)ldu* „Audgisl mit Gishild".

Fig. 15 Inschrift von Westeremden A
(nach Arntz-Zeiß)

Der Eisenstab von Britsum (Westfriesland) trägt eine in
germanischen Runen verfaßte Inschrift, von der nur der
Anfang allenfalls deutbar ist: *þin ī ā ber* „Diese Eibe trag
immer"! Aus der Provinz Groningen stammen zwei Kämme
mit friesischen Runen: Auf dem einen (von Toornwerd)
ist nur das Wort *kobu* (*kambu*) „Kamm" geritzt, auf dem
von Oostum befindet sich eine auf zwei Seiten verteilte
schwer deutbare Inschrift, die wiederum mit dem Worte
ka(m)bu endet.

§ 74. Die etwa 55 altenglischen Runeninschriften, die
zeitlich ungefähr vom 6. bis zum 10. Jahrhundert reichen,
sind in einer um 4 bis 9 Zeichen gegenüber dem germanischen Futhark erweiterten Runenreihe geschrieben (oben
§ 8). Sie stehen überwiegend im Dienste der Kirche und
befinden sich teils auf losen Gegenständen teils auf Grabsteinen, vor allem auf Steinkreuzen.

§ 75. Zu den losen Gegenständen gehören u. a. Münzen,
Ringe, Fibeln, Kämme, Waffen (vgl. § 8), vor allem die
drei Reliquienschreine von Mortain, Braunschweig und
Auzon. Davon ist der letztere, auch „Franksscher Schrein"
(Tafel VI) genannt, das bedeutsamste unter allen englischen
Runendenkmälern; er ist aus Walroßbein geschnitzt und
enthält auf 5 Seiten, von denen sich 4 im Brit. Museum,
eine (die rechte) in Florenz befinden, bildliche Darstellungen
und Runeninschriften im 28typigen Futhork.

Die Vorderseite zeigt in ihrer bildlichen Darstellung
eine Szene aus der Wieland-Sage sowie die Wanderung
der hl. drei Könige zum Jesuskind. Auf diese letztere
Szene deutet auch die Kurzinschrift *mægi* „Magier". Die
Hauptinschrift bezieht sich auf das Material des Kästchens:
auf die Überschrift *hronæs bān* „Walbein" folgt eine stabreimende Halbstrophe:

> *Fisk flōdu āhōf   on fergenberig.*
> *Warþ gāsrīk grorn,   þær he on greut giswom.*

„Den Fisch hob die Flut   auf den Felsenstrand.
Es grollte der Grimme,   als auf den Grus er schwamm."

Die Deckelseite bietet nur ein einziges Wort *Ægil⟨i⟩*,
womit vermutlich Wielands Bruder, der Bogenschütze
Egil, gemeint ist. Die bildliche Szene scheint in der Tat
auf einen Kampf Egils zu deuten.

Die rechte Seite enthält als Hauptinschrift eine stabreimende Vollstrophe, deren Deutung durch das Fehlen
von Worttrennern und durch die Ersetzung der üblichen

Vokalzeichen durch Geheimrunen erschwert ist. Man könnte
allenfalls lesen:

> *Hēr hōs sitæþ   on hærmbergæ,*
> *agla (?) drīgiþ,   swæ hiri Erta⟨e⟩ gisgrāf —*
> *særden (?) sorgæ   and sefa tornæ.*

„Hier sitzt die Schar (davon im Bilde nur ein Fabelwesen
dargestellt) auf dem Unheilsberge, verrichtet Schreck-
liches (?) wie es ihr Erta (= Woden?) vorgeschrieben
hatte — eine Schmerzenshöhle (?) zu Kummer und Herze-
leid." Dazu zwei Nebeninschriften *bita* „Pferd" (?), *riski*
„Gebüsch" (?). Auch die in drei Gruppen aufgeteilte bildliche Darstellung ist stark umstritten.

Die linke Seite zeigt im Bilde Romulus und Remus, von
der Wölfin gesäugt. Dazu der erläuternde Text: *ōþlæ unnēg
Rōmwalus and Reumwalus, twǣgen gibrōþær, āfǣddæ hiæ
wylifin Rōmækæstri.* „Der Heimat unnah, Romulus und
Remulus (!), die beiden Brüder. — Es nährte sie die
Wölfin in der Stadt Rom."

Rückseite: Zerstörung Jerusalems durch Titus. Dazu
die Hauptinschrift (zum Teil — hier in geraden Typen
gedruckt — in lateinischen Buchstaben): *Hēr fegtaþ Titus
end Giuþeas⟨u⟩.* Hic fugiant (!) Hierusalim-*afitatores.* „Hier
fechten Titus und die Juden; hier fliehen die Bewohner
Jerusalems." — Unten stehen die zwei getrennten Runen-
komplexe **dom gisl**, „Gericht", „Geisel" oder PN „Domgisl".

Als Zeit des Kästchens darf man wohl das Ende des
7. Jhs. annehmen.

§ 76. Von den altenglischen Runensteinen gilt nur der
Grabstein von Sandwich (Kent, 1. Hälfte des 7. Jh.s) mit
der Inschrift *Ræhæbul* (Name des Runenmeisters?) als
vorchristlich. Im übrigen liegt hier der einzige Fall vor,
daß die altenglische *h*-Rune nur einen Querstrich hat. —
Von den christlichen Runensteinen sei hier nur der von
Dover erwähnt, der dem 9. oder 10. Jh. anzugehören
scheint und nur den PN *Gislheard* nennt.

Von den recht zahlreichen steinernen Runenkreuzen sei
hier nur das berühmte Kreuz von Ruthwell (Schottland,

8. Jh.) hervorgehoben, das in nordhumbrischem Dialekt und mit den Runen der 33typigen Reihe eine Wiedergabe von Teilen des auch literarisch überlieferten Gedichtes vom Kreuze darstellt.

6. Runeninschriften der Wikingerzeit

§ 77. Über die Entwicklung der Runen in der WZ s. §§ 9—12. Die etwa seit dem Ausgang des 6. Jh.s sich stark verändernde Sprache erreichte gegen 800 in allen nordgermanischen Ländern einen Zustand, der im wesentlichen dem der klassisch-altnordischen Literatursprachen gleichkam, abgesehen von wenigen archaischen Einzelzügen in den ältesten Inschriften dieser Periode. Allerdings können wir nur die Sprache der altnorwegischen Inschriften mit der gleichzeitigen Literatursprache konfrontieren, weil auf ostnordischem Boden die literarischen Denkmäler erst im Hochmittelalter einsetzen.

Immerhin ist bereits seit Anfang der WZ die Auflösung der urnordischen Koine (vgl. § 47) in mehrere Dialekte, später Sprachen — Dänisch, Schwedisch, Gutnisch (Gotländisch) Norwegisch — anhand der Runeninschriften schon deutlich erkennbar.

Von den rund 5000 Runeninschriften insgesamt (vgl. § 2) gehören etwas über 80 v. H. der WZ an. Im folgenden muß die Auswahl von Inschriften dieser Periode außerordentlich beschränkt werden, und oft wird nur die Übersetzung des betreffenden Textes gegeben.

A. Dänemark

§ 78. Auf altdänischem Gebiet, wozu auch die heute schwedischen Landschaften Schonen, Halland und Blekinge (doch vgl. § 67f.) gehörten, erlosch der freie Gebrauch der Runen etwa zu Anfang des 6. Jh.s. Die Brakteaten-Künstler selbst beherrschten anscheinend die Runenkunst nicht mehr, sondern benutzten für die Brakteat-Inschriften mehr oder weniger getreu alte Vorlagen (vgl. § 53).

Die Kenntnis der Runen drang anscheinend erst gegen
Ende des 8. Jh.s von Norwegen und Schweden her neu,
vor allem in Verbindung mit Gedenksteinen, nach Dänemark ein. Eine Ausnahme scheint die Runeninschrift auf
einer kleinen mit zwei Bronzeplättchen belegten, zylinderförmigen Holzperle von Lousgaard, Bornholm (vgl. E.
Moltke, Festschr. Skautrup, 1956, 1 ff.) zu sein, die vom
archäologischen Standpunkt her bereits der Zeit gegen 700
zugehört. Die Inschrift des einen Plättchens ist zu lesen:
×shiltn×, was möglicherweise — unter Annahme der
häufigen Verschreibung von ⟨ *a* zu ⟨ *n* — als Frauenname
Aʂhildaʀ (Gen. Sg.) zu deuten ist. Die Inschrift des zweiten
Plättchens ist fast völlig unlesbar. Die erhaltenen Zeichen
haben die normalen Formen der dänischen Runen (gewöhnliche nordische Runen).

§ 79. Von losen Gegenständen sei hier zunächst die der
Zeit um 800 zuzurechnende zweizeilige Inschrift auf einem
Messergriff aus einem Frauengrab von Lindholm bei Aalborg (Nordjütland) erwähnt: A. **sikasuaia**, vielleicht = *sigga
svæin(n)* „Siggis Bursche". — B. **þurufiriþiʖikaþi** = *Þurfríði
líkaði* „Für Th. glättete (er) es. Oder: der Th. gefiel es".

Auf der Spange von Skabersjö (Schonen) befindet sich
in zwei Zeilen eine Runeninschrift von etwa 110 Zeichen.
Die erste Zeile beginnt mit 16 Elch-Runen (Abwehr-
Runen?, vgl. § 20). Der weitere Text dieser Zeile ist nach
Lesung und Deutung stark umstritten. Eine allenfalls
mögliche Übersetzung wäre „Vadi nahm Vermehrung seines
Geldes. Ich, Åsa, habe dies hiermit gelohnt". Die zweite
Zeile ist größtenteils unlesbar. Es scheint aber, daß auch

hierin jene Åsa genannt wird, ebenso vielleicht ein Vadi
auf Vabæk. Die Spange selbst wird vom archäologischen
Standpunkt aus der Zeit um 800 zugerechnet; die Inschrift in durchweg normalen dänischen Runen dürfte
bedeutend jünger sein.

Dem 10. Jh. gehört die Inschrift auf dem Webebrettchen
von Lund (DR 311) an. Die Hauptinschrift in Lautrunen
ist wahrscheinlich zu übersetzen „Sigvörs Ingimar wird
meine Leiden haben". Danach folgen acht magische Runen
von unklarer Bedeutung. Es handelt sich offenbar um die
Inschrift eines eifersüchtigen Liebhabers gegen den Mann
der Sigvör. — Über die ebenfalls magische Inschrift auf
der Spange von Viborg vgl. § 37.

§ 80. Von den Runensteinen der frühesten Periode (etwa
750 bis 900) zeigt die Inschrift von Starup (Nordschleswig)
Airiks ku(m)bl „Eriks Gedenkstein" noch eine sehr altertümliche Stilform (vgl. § 64); zudem ist diese Inschrift
noch linksläufig. — Ausgesprochen kultisches Gepräge hat
der Stein von Snoldelev (Seeland): Außer kultischen Sym-
bolen (vgl. § 27) trägt er die Inschrift **kunualtstain sunaʀ
ruhalts þulaʀ ą salhauku[m]** „Gunnvalds Stein, des Sohnes
Rhoalds, des Kultredners auf Salhaugen".

Die Inschrift des Steines von Gørlev (Seeland) ist auf
zwei Seiten eingemeißelt. Seite 1 beginnt (in Übersetzung):
„Thjodvi errichtete diesen Stein nach (= zur Erinnerung an)
Odinkar." Darauf folgt das gesamte 16typige Futhark von *f*
bis *ʀ*; dann: „Genieße des Grabes!" (vgl. die Inschrift von
Nørre Nærå oben § 36). Die zweite Seite beginnt mit einer
in ihre einzelnen Buchstaben aufgelöste, noch ungedeutete
magische Formel *þistil mistil kistil* (vgl. § 39). Es folgt die
Runenmeisterformel „Ich setzte die Runen richtig, Gunni".
Schließlich folgt ein zweiter Name „Armund" nebst einem
unleserlichen Schluß.

Stein von Möjbro
(Phot. Sven B. F. Jansson Sthm.)

Schrein von Auzon, Vorderseite
(Phot. Brit. Mus.)

Stein von Sparlösa, Linke u. Vorderseite
(Phot. H. Jungner)

Felsritzung von Ramsundsberget
(nach Sö 101)

§ 81. Dem Anfang des 10. Jh.s gehört die umfangreichste Inschrift auf einem dänischen Runenstein, dem
von Glavendrup (Fünen) an, der in einer steinernen
Schiffssetzung errichtet war. Die Inschrift ist auf drei
Seiten verteilt: A. „Ragnhild setzte diesen Stein nach Alle
dem Bleichen, dem Goden (= Priester) der Heiligtümer,
des (fürstlichen) Gefolges hochgeehrten Degen. B. Alles
Söhne machten dieses Denkmal nach ihrem Vater und seine
Frau nach ihrem Manne, aber Sote ritzte diese Runen
nach seinem Herrn. Thor weihe diese Runen!" (vgl.
§ 34). Auf der dritten Seite (C) steht die § 35 behandelte
Fluchformel.

§ 82. Eine ganze Reihe dänischer Gedenksteine ist historisch bedeutsam, vor allem die zwei Steine von Jelling
(Nordjütland): Der ältere wurde von König Gorm (gest.
um 940) errichtet und enthält eine auf zwei Seiten verteilte Inschrift:

kurmʀ kunukʀ k[ar]þi kubl þusi a[ft] þurui kunu || sina
tanmarkaʀ but „König Gorm machte dieses Denkmal
nach seiner Frau Thorvi (Tyra) Danmarkarbot (der Zierde
Dänemarks)".

Der jüngere Stein ist im Auftrag von Gorms Sohn,
König Harald Blauzahn (gest. gegen 987) errichtet. Die
Inschrift ist auf drei Seiten verteilt, von denen die erste
noch reichen, ornamentalen Schmuck, die zweite das Bild
eines von einer Schlange umwickelten Löwen, die dritte
die älteste Christusdarstellung des Nordens aufweist. Sowohl die Bildstilisierung wie die waagerechte Anordnung
der Runenzeilen weisen auf die Mitwirkung eines nord-
englischen Künstlers. Der Runentext lautet in Übersetzung: „König Harald hieß dieses Denkmal machen
nach seinem Vater Gorm und nach seiner Mutter Thorvi,

der Harald, der sich gewann Dänemark || ganz und
Norwegen || und die Dänen christlich machte."

Die beiden Runensteine, von denen der ältere um 935,
der jüngere um 983 errichtet wurde, stehen jetzt beide
nebeneinander auf dem Gebiet des alten Königsitzes Jelling zwischen dem nördlichen und dem südlichen Grab-
hügel, und zwar inmitten einer jetzt fast völlig zerstörten
Steinsetzung, vielleicht in Schiffsform wie bei dem Stein
von Glavendrup (vgl. § 81). Der ältere Runenstein war
lange Zeit beiseite gelegt, scheint aber ursprünglich ähnlich
wie heute dicht neben dem jüngeren Stein gestanden zu
haben.

Von den vier im Bereich der altdänischen Handels- und
Grenzstadt Heidaby (Hedeby, Haithabu) und der „Dänenschanze" (Danevirke) bei Schleswig errichteten Runensteinen seien hier nur die zwei genannt, die sich auf eine
Belagerung Heidabys (um das Jahr 1000) durch König
Sven Gabelbart, den Sohn Harald Blauzahns, beziehen
(DR 1 u. 3). Der eine, an der Landstraße von Schleswig
nach Rendsburg an der alten Dänenschanze errichtete
Stein besagt: „König Sven setzte den Stein nach Skarde,
seinem Gefolgsmann, der westwärts gefahren war, jetzt
aber vor Heidaby seinen Tod fand." — Der zweite,
dasselbe Ereignis betreffende Stein, jetzt im Museum
Schleswig, trägt die Inschrift: „Thorolf errichtete diesen
Stein, der Gefolgsmann Svens, nach Erik, seinem Ge-
nossen, der den Tod fand, als die Kameraden um
Heidaby saßen. Er war aber Schiffsführer, ein sehr guter
Kamerad."

In diesen beiden Inschriften treten zum ersten Male,
wenn auch inkonsequent, punktierte Runen auf (vgl. § 14),
nämlich punktiertes i für den Laut e, punktiertes k für
den Laut g. Der letzte Satz auf dem zweiten Stein ist in
Einstabrunen (vgl. § 4) geschrieben.

§ 83. Von sonstigen dänischen Gedenksteinen aus der Zeit um 1000 seien hier nur noch zwei angeführt.

An der Außenseite der Kirche von Hällestad (Südost-Schonen, DR 295) stehen drei Runensteine mit verwandtem Inhalt. Davon sei hier nur der erste wiedergegeben, und zwar zunächst — um den Stabreim im zweiten Teil der Inschrift deutlich zu machen — in altdänischer Sprache: *Askill satti stēn þansi æftiʀ Toka Gormsson, sēʀ hollan dróttin; sāʀ flō æigi at Uppsalum. — Sattu drængaʀ æftiʀ sinn bróþur stēn ą bjargi støþan rūnum. Þēʀ Gorms Toka gengu nǣstiʀ.* „Askil setzte diesen Stein nach Toki, Gorms Sohn, dem ihm holden Herrn; der floh nicht bei Uppsala. — Es setzten die Kameraden nach ihrem Bruder den Stein auf der Höhe, gestützt durch Runen. Sie gingen dem Gormssohne Toki am nächsten". — Um welche Schlacht bei Uppsala es sich hier handelt, ist ungewiß.

Eine christliche Inschrift trägt der Stein von Valleberga (Schonen, DR 337). In Übersetzung: „Sven und Thorgot machten dieses Denkmal nach Manni und Svenni. Gott helfe ihrer Seele gut! Sie liegen in London."

B. Schweden mit Gotland

§ 84. Die schwedischen Runendenkmäler der Wikingerzeit benutzen drei verschiedene Ausprägungen der Runenschrift (vgl. §§ 10—12): Die älteste Form wird von den gewöhnlichen nordischen („dänischen") Runen gebildet und findet sich zufrühest auf dem Stein von Sparlösa (§ 86). Es folgen in der Entwicklung zunächst die Stutzrunen und schließlich — jedoch geographisch nur beschränkt — die stablosen Runen. Dazwischen aber dringen im 11. Jh. von Dänemark her die gewöhnlichen nordischen Runen von neuem in Schweden ein, und zwar mit zunehmender Häufigkeit der punktierten Runen (§ 14).

Die Sprache dieser Inschriften kommt dem literarischen Altschwedischen ziemlich nahe und zeigt bereits gewisse dialektische Verschiedenheiten. Starke Abweichungen zeigt das Gutnische, die Sprache Gotlands, insbesondere im Lautstand: Erhaltung der Diphthonge bis in unsere Zeit hinein, Ersetzung der Umlautsvokale *ä* und *ö* durch *e* und *y* u. a. m.

§ 85. Von Runeninschriften auf losen Gegenständen seien hier nur drei angeführt:

Bei Ausgrabungen der alten Siedlung von Alt-Ladoga (Sowjetunion) kam ein etwas gebogener Holzstab von 42 cm Länge mit einer einzeiligen Runeninschrift ohne Anbringung von Worttrennern zutage. Während die Lesung in weitem Umfang eindeutig ist, bleibt die Deutung der Inschrift strittig:

[t]ufirufuaʀiþʀhaliualtʀriasfrąnmąnakrątfibulsiniþluka

Es handelt sich dabei ersichtlich um eine — freilich recht ungefüge — Halbstrophe in gewöhnlichem eddischen Metrum. Folgende Wiedergabe in Worten scheint allenfalls möglich:

Dō yfir of vaʀiþʀ   halli valdʀ rēs,
fränn, manna grand,   fimbul-sinn ī plōga.

„Es starb (= ‚gelangte nach seinem Tod') der oben (= ‚über sich') mit einem (Grab-)Stein bekleidete Walter des Leichnams (= ‚Krieger'), der gleißende, der Männer Verderben, in die gewaltige Bahn der Pflüge (= ‚in die weite russische Erde')". — Die Inschrift ist in Stutzrunen abgefaßt und weist am ehesten auf einen gutnischen Verfasser aus der zweiten Hälfte des 9. Jh.s.

Aus Endre auf Gotland (Anfang des 11. Jh.s) stammt die in einer Mischung von gewöhnlichen Runen und Stutz-

runen abgefaßte Inschrift in zwei Reihen auf einem teilweise mit Silber eingelegten Speerblatt. Zeile I, am Schluß
nicht sicher zu deuten: „Rani besitzt ...". Zeile II,
„Botfoss schrieb (die Runen)".

Auf einer Kupferdose von Sigtuna (Uppland) ist eine in
gewöhnlichen nordischen Runen abgefaßte zweiteilige Inschrift aus dem Anfang des 11. Jh.s eingeritzt. Der erste
Teil in Prosa lautet in Übersetzung: „Djarf erhielt von
einem semgallischen (weniger wahrscheinlich: samlän-
dischen) Manne diese Waagschalen im ... Lande. Aber
Vermund schrieb diese Runen." — Der zweite Teil enthält
zwei Kurzzeilen in dem normalen skaldischen Metrum
(*dróttkvætt*) mit den vorgeschriebenen Stab- und Binnen-
reimen. Die Lesung ist sicher, die Deutung im ganzen
strittig. Es scheint sich lediglich um den Anfang einer
vollen Skaldenstrophe zu handeln, wobei die Fortsetzung
des ersten Satzes in dem uns vorenthaltenen Abschnitt
der Strophe gestanden hat.

In Worten könnte dieser Strophenanfang lauten:

Fugl-vǫlva sleit fǫlvan (fann gauk ą nās auka)

„Die Vogelvölva (= die leichenzerreißende Valkyrie) zer-
riß den fahlen — man fand an dem Aaskuckuck (= dem
Raben) Zuwachs —". Das zu dem Attribut „den fahlen"
gehörende substantivische Objekt muß in der Fortsetzung
der Strophe gestanden haben. Der Schluß der zweiten
Halbzeile weist auf die Sättigung des Raben hin. — Über
magische Inschriften auf Kupferblechen s. § 36.

§ 86. Unter den schwedischen Runensteinen der WZ
scheint der von Sparlösa (Vg 119; vgl. Tafel VII) der älteste
(gegen 800) zu sein. Er steht jetzt unmittelbar vor der
Salemkirche. Auf der Vorderseite sowie auf den beiden

Schmalseiten enthält er kultische Bilddarstellungen. Die
lange Inschrift in einem Gemisch von gewöhnlichen nordischen Runen und den neuentwickelten Stutzrunen (§ 12)
beginnt einzeilig auf der Vorderseite, setzt sich auf der
(bildlosen) Rückseite in drei Zeilen fort und endet in verschiedenen Gruppen auf der linken Schmalseite. Die Inschrift ist an vielen Stellen mehr oder weniger stark zerstört oder ganz verlorengegangen. Worttrenner fehlen fast
vollständig. So bleibt die Lesung weithin unsicher, und die
Deutung ist so stark umstritten, daß die Inschrift insgesamt hier nicht wiedergegeben werden kann.

Schon die einzeilige Inschrift der Vorderseite ist viel-
deutig: **a: iulskaf: airikissunʀkafalriki bu** (?). Das könnte
man übersetzen: „Aiuls gab, Airiks Sohn gab dem Alrik
den Hof." Dann würde es sich hier um einen Rechtstext
handeln. Indessen wird die Binderune am Schluß von
manchen Forschern für ein reines Ornament gehalten,
was allerdings wenig wahrscheinlich ist.

Alle übrigen Inschriftenteile sind ersichtlich von einer
anderen Hand angebracht worden, wohl erst eine gute
Zeit nach der Einmeißelung auf der ersten Seite. Die drei
Zeilen der Rückseite sind insgesamt nicht recht verständ-
lich. Am Schluß von Zeile 1 könnte man deuten „. . . gab
rotes (Gold) zum Entgelt". In den zwei letzten Zeilen ist
von einem „Vater", wohl Airik, die Rede und wiederum
von seinen Söhnen Aivisl (= Aiuls) und Alrik. Der Zusammenhang bleibt aber dunkel.

Auf der linken Schmalseite befindet sich zunächst eine
dreizeilige Inschrift neben dem von einer Schlange umwickelten Vogel (Gans?). Hier scheint von einem weiteren
Sohne Airiks namens Sigmar die Rede zu sein. Er scheint
jetzt der Erbe des eigentlichen Hofes geworden zu sein,
während Alrik, wie das aus den weiteren Inschriftenteilen
der linken Schmalseite hervorgeht, Tempelwart und Runenmeister geworden war: „Rate die Runen, die götterent-
stammten (vgl. die Inschrift von Noleby § 32), die heiligen,
die Alrik malte." — „Der Weihwart (?) bin ich." Der
Rest der Inschrift an der Spitze der linken Schmalseite
ist so gut wie völlig unlesbar.

Der ostgötische Stein von Kälvesten, dessen volle Inschrift erst von A. Nordén entdeckt wurde, gibt Auskunft
darüber, weshalb der Aivisl von Sparlösa dem Alrik
(seinem Oheim?) den Hof übergab: Er verließ die Heimat
zu einem Wikingerzug. In der Inschrift von Kälvesten
heißt es nämlich: „Stig (?) machte dieses Denkmal nach
seinem Sohne Eyvind: der fiel im Osten zusammen mit
Aivisl."

Bei dem Denkmal von Sparlösa scheint es sich um ein
vornehmes Königsgeschlecht zu handeln. Die Namen Airik
und Alrik finden sich als Namen zweier königlicher Brüder
auch in Thjodolfs Gedicht Ynglingatal aus dem Ende des
9. Jh.s.

§ 87. Die längste bisher bekannte Runeninschrift überhaupt mit etwa 768 (= 32×24) Runen befindet sich auf
dem vier Meter hohen Stein, der jetzt vor der Kirche von
Rök („Erhebung", wohl auf den Stein selbst in der sonst
flachen Landschaft zu beziehen) errichtet ist. Er ist auf
allen vier Seiten und auf der schrägen Kopffläche mit
Runen bedeckt. Nur die letzte Zeile der Rückseite ist
zu einem großen Teil zerstört. Aber obwohl alle übrigen
Runen vorzüglich lesbar sind, ist der Sinn der ganzen Inschrift trotz ungezählter Deutungsversuche gerade im
Kern noch unklar. Die Inschrift ist im wesentlichen in
Stutzrunen (vgl. § 12) abgefaßt. An den Rändern der
Rückseite sowie auf der Kopffläche und auf der linken
Schmalseite sind jedoch Geheimrunen verschiedener Art
(vgl. § 19) verwendet worden.

Der gesamte Text beginnt mit einer Gedenkinschrift
üblichen Stils, die hier in Transliteration, jedoch in Wort-
einteilung (im Original fehlen Worttrenner) wiedergegeben
sein möge: **aft uamuþ stąnta runaʀ þaʀ in uarin faþi faþiʀ
aft faikiąn sunu** „Nach Vämod stehen diese Runen,

aber Varin schrieb (oder: malte) sie, der Vater nach dem
todgeweihten Sohne". Unmittelbar danach folgt die Andeutung einer alten Sage von zwei Kriegsbeuten, die
zwölfmal nacheinander den Besitzer wechselten. Es folgt
die Frage nach einem Helden, der vor zwölf Menschen-
altern bei den „Hreid-Goten" an den Strand stieg und
noch immer über Streitigkeiten entscheidet (so nach
O. Höfler). Die Antwort wird in Form einer eddischen
Strophe gegeben:

> *Ræþ Þjaurīkʀ   hinn þormōþi,*
> *stilliʀ flotna   strǫndu Hræiþmaraʀ.*
> *Sitiʀ nū garuʀ   ǫ gota sīnum,*
> *skialdi umb fatlaþʀ,   skatti Mæringa.*

„Es herrschte Theoderich der Wagemutige, der Ordner
der Krieger, am Strande des Hreidmeeres. Jetzt sitzt er
gerüstet auf seinem Schlachtroß, mit dem Schild auf dem
Rücken, der Herrscher der Mæringe."

Es handelt sich hierbei mit hoher Wahrscheinlichkeit
um ein Gedicht oder um eine Einzelstrophe auf den Ost-
gotenkönig Theoderich, der nach O. Höflers Deutung noch
immer bei den Ostgöten (in Schweden) als Totenrichter
verehrt wurde. — Im mittleren Teile der Rückseite wird
wiederum eine uns sonst unbekannte Wikinger-Sage angedeutet von 20 Seekönigen, die in einem Kampf um
Seeland fielen. — In der letzten — jener stark zerstörten —
Zeile wird anscheinend nach jemand gefragt, der noch mehr
Mären künden könne.

Die folgenden in Geheimrunen abgefaßten Teile beziehen sich nun anscheinend auf Ereignisse der unmittelbaren Vergangenheit und aus dem Umkreis von Rök,
schließlich auf den göttlichen Ursprung der Sippe des
Runenmeisters. In zwei Randzeilen mit Nachahmung der

alten germanischen Runen wird nach einem Mann aus
dem Geschlecht der Ingoldinge gefragt, der durch das
Opfer einer Frau gebüßt wurde. — Geheimrunen in
Kreuzform auf der Spitze und am obersten Rand der
Rückseite nennen die Antwort: „Sibbi der Weihwart
(vgl. Sparlösa!) zeugte 90jährig." — In Geheimrunen
verschiedener Art unterhalb der Kreuze auf der Rückseite wird auf einen Kraftburschen anscheinend als
Urahn der Sippe hingewiesen, und in der aus Zweig-
und Is-Runen bestehenden Inschrift der linken Schmalseite (vgl. Fig. 9) wird dieser Urahn als der Gott Thor
offenbart.

Einige der in den Geheimrunen erscheinenden Namen
finden sich noch heute in Ortsnamen der Umgebung von
Rök: Sibbaryd, Ingvaldstorp, Väversunda (auf Rök
viavari „Weihwart"). Zumindest die Textstellen in Geheimrunen deuten wohl darauf hin, daß der alte Varin
eine Rache für seinen gefallenen Sohn anstrebte. —
Die Rök-Inschrift dürfte etwas jünger als die von
Sparlösa sein, ist aber in der Sprache teilweise künstlich
archaisiert.

§ 88. Unter den schwedischen Runensteinen des 9. und
10. Jh.s enthalten die meisten konventionelle Gedenkinschriften (vgl. die Inschriften von Skåäng § 65 und von
Kälvesten § 86).

Daneben finden sich aber auch Inschriften anderer Art.
Ein Rechtsdenkmal ist die wiederum in Stutzrunen abge-
faßte Inschrift auf einer kleinen Felskuppe bei dem Hof
Oklunda, etwa 25 km östlich von Norrköping (Ostgötland).
Die Diktion ist auf das äußerste verkürzt. In Worte einge-
teilt: *Gunnarr fāþi rūnaʀ þessaʀ. En sā flō sǣkiʀ; sōtti vī
þetta. En sā (h)ǣfʀ landruþ þā. En sā batt* (oder: *ā band*).
„G. schrieb diese Runen. Aber er floh als ein (des Tot-

schlags) Angeklagter; suchte dieses Heiligtum auf. Aber
er hat diese Landrodung. Aber er verband (= verglich)
sich (oder: hat hier seine Friedensstätte)".

Eine Rechtserklärung ist offenbar auch die sehr altertümliche Inschrift (in Stutzrunen) auf drei Seiten des nur
1,24 m hohen Steines von Gursten im äußersten Norden
von Småland. Übersetzung: „Son (PN. eigentl. Sohn)
kam in den Genuß der Schmiedearbeiten (= Waffen?)
Katis, des Sohnes der Vefrid. Götter-Skeggi schrieb (oder:
malte)."

Historisch bedeutsam ist die der 2. Hälfte des 10. Jh.s
zuzuweisende Inschrift auf dem ursprünglich farbig aus-
gemalten Stein von Pilgårds (Gotland). In der Schrift
sind gewöhnliche Runen und Stutzrunen — teilweise mit
gotländischen Sonderformen — miteinander vermischt.
In Übersetzung: „Hellbemalt stellten diesen Stein auf
Hegbjarn und seine Brüder Roþvisl, Øystain (und) Emund,
die Steine aufgestellt haben zur Erinnerung an Rafn südlich vor Rufstain. Sie kamen weithinein in (den) Aifor;
Vifil hatte das Kommando."

Aifor „der immer Heftige" ist der auch in einem Werke
des Kaisers Konstantinos Porphyrogenetos überlieferte
Name der vierten und schwierigsten Stromschnelle des
Dnjepr, über den der Weg der Varäger von Skandinavien
nach Byzanz führte. Man konnte für gewöhnlich den Aifor
nur so passieren, daß man die Boote mehrere Meilen weit
am Ufer entlangschleppte. Rufstain „Rißstein" ist ein
auch in russischen Quellen bezeugter großer Stein in der
ersten Stufe des Aifor.

§ 89. Die Inschrift von Pilgårds (§ 88) zeigte in ihrem
Anfang, daß die Runen dieses Steines „bunt bemalt" waren.
Diese Sitte ist auch durch einige schwedische Runensteine aus Södermanland gut bezeugt. So lautet der Anfang
der Inschrift von Nybble (Sö 213): *Stæin hiogg Esbærn,*

stæindan at vitum, bant með rūnum, ræisti Gylla . . . ,,Den
Stein hieb Æsbjörn, bemalt zur Kenntnis, umband ihn
mit Runen. Es errichtete ihn Gylla . . .". — Auch in dem
Edda-Gedicht Guðrúnarkvida II, 22 heißt es: Es waren
in dem Horn jeder Art Runenstäbe geritzt und gerötet.

Bei der Aufdeckung einiger schwedischer Runensteine
fanden sich noch spärliche Reste der ursprünglichen Farben,
besonders rot und schwarz, aber auch weiß und blau, und
man hat neuerdings versucht, einige besonders wichtige
Runendenkmäler der WZ neu auszumalen. Nach Sven
B. F. Jansson, The Runes of Sweden, 1962, 152f. diente
solche Ausmalung nicht nur der ästhetischen Wirkung,
sondern gelegentlich auch der Unterscheidung syntak-
tischer Gruppen innerhalb eines Satzes.

§ 90. Die große Masse der schwedischen Runensteine
gehört dem 11. Jh. an. Die Angehörigen vornehmer Wikingerführer, die fern der Heimat den Tod gefunden hatten,
ließen zur Erinnerung an sie Gedenksteine errichten, auf
denen die Runen in einem kunstvollen Schlangenband
eingemeißelt und gegebenenfalls bemalt wurden (§ 89).
Die Runenkunst wurde jetzt im wesentlichen handwerklich, und bestimmte, weithin bekannte Runenmeister
nennen am Schluß der Inschrift oft ihren Namen oder lassen
ihn wenigstens durch die Art ihrer Kunst erraten; vgl.
E. Brate, Svenska Runristare, 1925.

§ 91. In der zuvor genannten Gruppe der schwedischen
Runensteine spielen die Wikingerfahrten nach Ost und
West die Hauptrolle. Als erstes Beispiel sei hier der Stein I
von Högby (Ostgötland) genannt. Dessen Einleitungs-
formel lautet: ,,Thorgerd errichtete diesen Stein nach
ihrem Mutterbruder Assur, der draußen bei den Griechen
(d.h. in Byzanz) den Tod fand." Es folgt ein kurzes Preis-

gedicht auf die verschiedenen gefallenen Verwandten. Die
dabei angegebenen Ortsnamen sind nicht sicher zu identi-
fizieren:

> Gōþr karl Gulli   gat fimm syni:
> Fell ą Fyri (?)   frœken drængʀ Ąsmundr;
> ændaþis Assurr austr ī Grīkum;
> varþ ą Holmi   Halfdan dræpinn;
> Kāri varþ at Dundi (?) ok dauþr Būi.

„Der edle Mann Gulli zeugte fünf Söhne: es fiel am Fyre(?)
der kühne Krieger Asmund; es endete Assur ostwärts bei
den Griechen; auf Bornholm (oder: beim Holmgang)
wurde Halfdan erschlagen; Kari fand den Tod bei Dundee(?)
und ebenso Bui."

Diese Inschrift gehört der Zeit gegen 1020 an. Die bekannte Schlacht bei Fyrisvellir zwischen König Erik und
seinem Neffen Styrbjörn fand um 980 statt. Dann kann
sich aber „Dundi" unserer Inschrift nicht auf die bekannte Macbeth-Schlacht vom Jahre 1054 beziehen. —
Schluß der Inschrift: „Thorkel ritzte die Runen."

Bemerkenswert ist das aus drei Steinen bestehende
Monument von Sjonhem (Gotland): I. „Rodvisl und
Rodelf, die ließen errichten Steine nach ihren drei Söhnen:
Diesen (Stein) nach Rodfoss. Ihn verrieten die Walachen
(d. h. die Bewohner der Walachei) bei einer Ausfahrt.
Gott helfe Rodfoss' Seele! Gott verrate die, die ihn verrieten!". — II. „Diesen (zweiten) Stein nach Ai . . .: er
fand den Tod bei Windau. Zwei Schwestern überlebten (?)
die drei Brüder, nämlich Rodald (?) und Rodgut. Rodar
und Thorstain, die sind Vaterbrüder." — III. „Diesen
(dritten) Stein nach Hailfoss. Er starb daheim und hatte
eine Tochter, die heißt Hailvi. Valdinga-Udd machte die
Steine und . . . Dan und Botbjern ritzten."

Auf einem Stein vor der Dalum-Kirche (Vg 197) heißt es in knappster Diktion: „Toke und seine Brüder errichteten diesen Stein nach ihren Brüdern, von denen der eine im Westen, der andere im Osten den Tod fand."

§ 92. Etwa 25 Gedenksteine aus dem Mälar-Distrikt tragen den Namen des bereits oben § 41 erwähnten, aus vornehmem Königsgeschlecht stammenden Wikingerführers Ingvar, der 1041 mit zahlreichen Fahrtgenossen im fernen Osten den Tod fand. Als Lebenden lernen wir ihn u. a. auf einem Gedenkstein in der Kirche von Rimbo (U 513) kennen: „Anund und Erik und Hakon und Ingvar errichteten diesen Stein nach Rangnar ihrem Bruder. Gott helfe seiner Seele!"

Die Inschrift auf einem Gedenkstein bei dem Schlosse Gripsholm (Sö 179) im Mälarsee nennt Ingvar offenbar als bereits gefallen und gibt im übrigen Wesen und Ziel der Wikingerfahrten nach Osten in besonders eindrucksvoller Weise wieder: „Tula ließ diesen Stein errichten nach ihrem Sohne Harald, dem Bruder Ingvars." — Es folgt ein metrisch abgefaßter Preis: „Sie fuhren tapfer   fernhin nach Gold   und gaben im Osten   dem Adler Speise,   kamen südwärts   in Serkland um".

§ 93. Auch von den Westfahrten der Wikinger nach England während der großen Eroberungszüge seit 980, die im Jahre 1018 zur endgültigen Befestigung der Herrschaft des Dänenkönigs Knut auch über England führte, liegt eine Reihe von schwedischen Runensteinen vor, die von dem Dänentribut (*danagildi*) sprechen, der zunächst von den einheimischen englischen Königen den eindringenden Wikingern gezahlt werden mußte, später auch von König Knut seinerseits den von ihm größtenteils entlassenen Wikingern, indem er lediglich eine Elitetruppe von 3000 Mann, das Thinggefolge (*þingaliþ*) behielt.

Die zwei inhaltlich zusammengehörigen Runensteine
von Yttergärde (U 343f.) berichten: „Karsi und ... björn
ließen diesen Stein errichten nach ihrem Vater Ulf. Gott
helfe seiner [Seele] und Gottes Mutter." — Die Inschrift
des zweiten Steines ist durchgehend in Wenderunen (vgl.
§ 4) abgefaßt: „Aber Ulf hat in England drei Tribute ge-
nommen: das war der erste, den Tosti zahlte. Danach zahlte
Thorketil (Thorkel), dann zahlte Knut." Skögla-Tosti und
Thorkel der Hohe waren berühmte Wikingerführer.

Auf dem Gedenkstein von Kålsta (U 648) heißt es: „Stär-
kar und Hjörvard ließen diesen Stein errichten nach ihrem
Vater Gæiri, der im Westen saß im Thinggefolge (Knuts)."
— Auf eine wohl friedliche Englandreise deutet die
Inschrift von Nöbbelesholm (Sm 101): „Gunnkel setzte
diesen Stein nach Gunnar, seinem Vater, dem Sohne
Hrodis. Helgi legte ihn, seinen Bruder, in einen Steinsarg
zu Bath in England."

§ 94. Neben der Erwähnung von Kriegszügen finden
sich aber auch Runeninschriften ganz anderen, vor allem
juristischen Inhalts. Von der Errichtung einer Thingstätte
handeln die zwei Steine von Bällsta (U 225f.), deren erster
eine Inschrift trägt, die zunächst in Prosa beginnt: „[Ulv-
kel] und Arnkel und Gyi, die legten hier eine Thingstätte
an ...". Es folgt ein metrischer Schluß:

Munu æigi mærki   mæiri verþa,
þan Ulfs synir   æftiʀ gærþu,
[sniall]iʀ svæinaʀ,   at sinn faþur.

„Kein größeres Denkmal wird es geben als das, das Ulvs
Söhne nach ihrem Vater bereiteten."

Auch einige im eigentlichen Sinn rechtskundliche Inschriften gibt es, vor allem die von Hillersjö (U 29) auf

einer Felsplatte im Mälarsee: Eine Frau Gæirlaug gelangte durch Beerbung ihrer zwei Ehemänner und durch
sogenanntes Rückerbe von einem Enkel her zu einer statt-
lichen Anzahl ansehnlicher Höfe.

Rechtsansprüche deutet auch die umfangreiche, in stablosen Runen verfaßte (vgl. § 13) Inschrift auf dem Stein
von Malsta (Hälsingland, um 1050) an: Frömund, einer
der Vornehmen des Landes setzte einen Stein zu Ehren
seines Vaters Reich-Gylfi und zählt dann fünf Vorfahren
Reich-Gylfis in der männlichen, drei in der weiblichen
Linie auf. Frömund berichtet dann weiter, daß er mit
anderen Söhnen nach einem geeigneten Gedenkstein in
der Umgebung geforscht und ferner eine Anzahl von Höfen
und Besitztümern in der weiteren Umgebung besucht
habe, was wohl dahin zu deuten ist, daß ihm diese Güter,
sei es durch Erbschaft, sei es durch sonstigen Erwerb
gehörten.

Zu den rechtskundlichen Denkmälern kann man auch
die vier fast gleichlautenden Inschriften (U 164f.) rechnen,
die ein Großgrundbesitzer im südlichen Uppland namens
Jarlabanke zu seinem eigenen Andenken hat errichten
lassen. Die eine dieser Inschriften lautet: „Jarlabanke
ließ diese Steine errichten nach sich selbst zu seinen Leb-
zeiten und machte diese Brücke für seine Seele, und er
besaß allein ganz Täby. Gott helfe seiner Seele."

§ 95. Von Gedenkinschriften aus der ersten Hälfte des
11. Jh.s sei zum Schluß noch die auf einer Felsplatte von
Ramsundsberget (Tafel VIII) am Ufer des Mälarsees (Sö
101) angeführt. Das ganze Kirchspiel Jäder war damals
infolge höheren Wasserstandes eine kleine Insel. Die Runen
sind, wie meist üblich, in einem Schlangenband angebracht.
Die Inschrift lautet in Übersetzung: „Sirid machte diese
Brücke (wohl über den damaligen schmalen Sund), die

Mutter Alriks und die Tochter Orms, für die Seele Holmgers, des Vaters ihres Mannes Sigröd.‘‘

Innerhalb des Schlangenbandes sind Bilder aus der Sigurd-Sage eingemeißelt: Unten rechts durchstößt Sigurd den Drachen (das Schlangenband) mit dem Schwert. In der linken Hälfte brät er Fafnirs Herz und führt den dabei verbrannten Daumen an den Mund. In der rechten Hälfte verkünden zwei Vögel dem Helden die Gefahr durch den Schmied Regin. Gegenüber links liegt Regin mit abgeschlagenem Kopf. In der Mitte wird das Pferd Grani mit dem Drachenschatz beladen. Links oben Regins und Fafnirs Bruder Otr als Fischotter.

Die hier genannte Si(g)rid gehörte zu einer der einflußreichsten Bauernfamilien am Westufer des Mälarsees zu jener Zeit.

C. Norwegen mit Kolonien

§ 96. Gegen Ende der sog. Übergangszeit (§§ 46 und 48) hatte sich die Runenschrift in Norwegen und Schweden endgültig zu einer nur 16typigen Reihe entwickelt. Die Inschriften des altnorwegischen Steines von Rävsal (§ 64) und der Spange von Strand (§ 37) liegen gerade an der Scheide (um 700). Diese 16typige Runenreihe zeigt bereits gegen 800 eine doppelte Entwicklung, indem neben den „gewöhnlichen nordischen (dänischen) Runen‘‘ durch Verkürzung der Formen die „Stutzrunen‘‘ entstehen (§§ 10—12), die ihrerseits niemals in Dänemark Fuß gefaßt haben.

Die norwegischen Inschriften der WZ setzen mit Beginn des 9. Jh.s ein, freilich mit nur spärlichen Zeugnissen. In dieser Zeit finden sich Inschriften in gewöhnlichen nordischen Runen und in Stutzrunen reinlich getrennt nebeneinander. Gegen 900 dringen einige „gewöhnliche‘‘ Runenformen, besonders für *m* und *s* in die Inschriften mit Stutzrunen ein, und diese Entwicklung verstärkt sich im Lauf des 10. und 11. Jh.s, so daß nunmehr ein — wenn auch verschiedenartig — gemischtes Runen-Futhark entsteht. Vom 11. Jh. an kommen auch die punktierten Runen (§ 14) mehr und mehr in Gebrauch, so daß schließlich eine besondere norwegische Runenreihe erscheint.

Die Sprache bereits der ältesten norwegischen Inschriften zur WZ scheint der Sprache der literarischen Zeugnisse im wesentlichen zu entsprechen, und zwar ohne irgendwelche Archaismen aufzuweisen im Gegensatz zu den gleichzeitigen schwedischen Runeninschriften; (vgl. § 84).

§ 97. Als das älteste (um 800) norwegische Runendenkmal der WZ gilt der Stein von Valby (NIyR II, Nr. 140) in der an der Westseite des Oslofjordes gelegenen Landschaft Vestfold mit seiner in gewöhnlichen nordischen Runen verfaßten Inschrift **auarþr faþi ⨯ ⨯ lR**, deren Anfang ersichtlich eine konventionelle Runenmeisterformel ist: „A. schrieb (bzw. malte)"; hinter dem Schluß der Inschrift verbirgt sich möglicherweise ein Beiname des Runenmeisters. Bemerkenswert ist an dieser Inschrift, daß die Rune ᛉ *R* hier noch (wie in ganz wenigen Fällen von norwegischen Inschriften auf Steinkreuzen der Insel Man) konsonantischen Wert hat. Später erhält diese Rune in den norwegischen Inschriften den vokalischen Lautwert *y* nach dem damaligen Runennamen *ȳr* „Eibe, Eibenbogen".

Weiter seien hier die Runeninschriften auf einigen Beigaben der berühmten Wikingerschiffe von Oseberg (um 840) und von Gokstad (um 860), ebenfalls aus Vestfold, erwähnt. Diese Inschriften sind — im Gegensatz zu Valby — in reinen Stutzrunen abgefaßt. Das Ruderholz von Oseberg trägt die Inschrift **litiluism**, ein Komplex, der am ehesten mit S. Bugge als *litilvíss m(aðr)*, „Wenig weiser Mann", in skaldischer Stilisierung = *Ósbakr* (PN) aufzufassen ist. — Ein Bronzekessel vom Gokstad-Schiff trägt

die Inschrift: **ubik**, entweder = *Ubbi* (Koseform zu *Ulfr*)
g(erði) „U. machte (den Kessel)" oder = *Ubbi ek* „U.
(bin) ich".

§ 98. Dem Ausgang des 10. Jh.s wird die Inschrift auf
einem Bautastein von Tu in der südwestnorwegischen
Landschaft Rogaland zugeschrieben. Sie ist in gemischten
Runen abgefaßt: **hailki:rais[tista]inþan:aftkaitilbruþursin**
„Helgi errichtete diesen Stein nach Ketil, seinem Bruder".
Man beachte, daß die *qs*-Rune hier noch den Lautwert
des nasalen *ǫ* hat, noch nicht den des *o*. Auf einer Breitseite
des Steines ist ein Götterpaar abgebildet.

Um mehrere Jahrzehnte jünger ist der nicht weit von
Tu gelegene Stein I von Klepp mit einer Inschrift in
reinen Stutzrunen; in Übersetzung: „Thorir, Hörds Sohn,
errichtete diesen Stein nach Asgerd, seiner Frau, der Tochter Gunnars, des Bruders Helgis auf Klepp." Man darf annehmen, daß es sich hier um den gleichen Helgi handelt,
der den Stein von Tu errichtet hatte.

§ 99. Eine historisch wichtige, in gemischten Runen abgefaßte Inschrift ist die auf einem in sieben Stücke zer-
brochenen Stein von Evje (oder: Galteland) in der südnorwegischen Landschaft Ost-Agder. Sie bezieht sich auf
die Eroberungszüge Knuts des Großen und muß daher in
die Zeit gegen 1020 datiert werden. Runologisch bemerkenswert ist die lautliche Doppelgeltung der *qs*-Rune als *ǫ*
und als *o*. Die zum Teil stark beschädigte Inschrift ist
in ihrem Hauptteil mit ziemlicher Sicherheit gedeutet:
„Arnstein errichtete diesen Stein nach Bjor, seinem Sohn;
der fand den Tod im (königlichen) Gefolge, als Knut
England angriff." Schwieriger ist die Schlußpartie **inis :**
ko[þ] zu deuten, nach Lis Jacobsen: „Gott hole ihn zu
sich!"

§ 100. Bereits in der Inschrift von Evje fanden wir christlichen Einschlag, der vermutlich von England her ausstrahlte. Aber auch sonst haben wir in norwegischen Inschriften des 11. Jh.s verschiedene Zeugnisse für das Eindringen des Christentums. Besonders bemerkenswert ist das (jetzt verlorene) Steinkreuz von Njærheim mit der Inschrift: „Gaut errichtete diesen Stein nach seinem Bruder Steinar." Derartige Steinkreuze mit einer Gedenkinschrift finden sich besonders häufig auf der Insel Man, angebracht durch die norwegischen Kolonisten in der Zeit etwa zwischen 930 und 1000. Die norwegische Runeninschrift auf dem Kreuz von Ballaugh lautet: **ąulaibr : liutulbsunr : raisti(k)rs þ(a)na: aiftir : u(l)b : sun : sin**. „Olaf, Ljotolfs Sohn, errichtete dieses Kreuz nach Ulf, seinem Sohne."

§ 101. Dem Anfang des 11. Jh.s gehört die ältere Inschrift auf dem auf einer Breitseite mit Bildern und Ornamenten geschmückten Stein von Alstad in der Landschaft Toten (Opland fylke) an. Über die eine Schmalseite hin zieht sich eine längere Inschrift in durchweg gewöhnlichen nordischen (dänischen) Runen, von der nur der Anfang einigermaßen sicher deutbar ist: „Jorunn errichtete diesen Stein nach . . . (wahrscheinlich Name ihres Mannes), der sie (zur Frau) bekam." Schon der Anfang des folgenden Satzteiles ist syntaktisch und inhaltlich mehrdeutig: „Und (sie) brachte von Ringerike hinweg aus . . .", was sich auf die Brautfahrt des Mannes mit der Frau beziehen würde; oder: „Und sie (Jorunn) brachte (den Stein) von Ringerike her aus Ulvøy." Die mineralogische Beschaffenheit des Alstad-Steines weist in der Tat auf Herkunft aus der weit südwestlich gelegenen Landschaft Ringerike, wo es in dem Tyri-Fjord tatsächlich eine kleine Insel Ulvøy gibt.

In einer vertikalen Randzeile der bildgeschmückten Vorderseite befindet sich eine kurze Inschrift, ebenfalls

in dänischen Runen, die inhaltlich vermutlich mit der
langen Inschrift der Schmalseite in Zusammenhang steht.
Lesung und Deutung dieser Zeile sind indes so schwierig
und umstritten, daß sie hier beiseite bleiben soll.

Schließlich befindet sich unter den Bildern der Vorderseite des Alstad-Steines noch eine in drei waagerechten
Zeilen angebrachte Inschrift in Stutzrunen, in der auch
punktierte Runen verwendet sind, die also gewiß um
mehrere Jahrzehnte jünger ist (um die Mitte des 11. Jh.s)
als die Inschrift in gewöhnlichen nordischen Runen. Lesung und Deutung auch dieser jüngeren Inschrift sind
teilweise umstritten; immerhin darf man wohl übersetzen:
„Igli (kaum: Engli) errichtete diesen Stein nach Thorald
seinem Sohn, der den Tod fand in Vitaholm zwischen
Vitaholm und Gardar.‟

Der russische Archäologe Rybakov vergleicht die Orts-
angabe Vitaholm in unserer Inschrift mit einem kleinen
Ort Vitičev am Dnjepr etwa 40 km südlich von Kiew
genau an der Stelle, an der die nach Byzanz reisenden
Wikinger ihre Schiffe gegen kleine Kähne eintauschen
mußten, um die Stromschnellen des Dnjepr zu über-
winden. In diesem Punkt erinnert die jüngere Inschrift
von Alstad also an die oben § 88 behandelte gotländische
Inschrift von Pilgårds. Mit Gardar ist hier vielleicht Kiew
gemeint.

§ 102. Vielleicht der prächtigste norwegische Runenstein
ist der von Dynna in der Landschaft Hadeland (südwestlich von Toten [Opland fylke]), den man in die Zeit gegen
1040 setzt. Er ist reich mit Bildern, vor allem von Reitern,
geschmückt, wohl an ein Sagenmotiv (der Wieland-Sage?)
anknüpfend. Die Inschrift ist in einer Mischung von gewöhnlichen nordischen und Stutzrunen verfaßt: „Gunnvor
machte die Brücke, Thry(d)reks Tochter, nach Astrid,

ihrer Tochter; die war die handfertigste Jungfrau in Hadeland." Bemerkenswert ist die Verwendung der alten ʀ-Rune in der vokalischen Funktion *y*.

§ 103. Geographisch und zeitlich mit dem Stein von Dynna nahe verwandt ist die inhaltlich bedeutsame Inschrift auf dem Stein von Hønen in der Landschaft Ringerike. Der Stein selbst ist seit langem verloren und seine Inschrift uns nur durch die Kopie einer Abzeichnung bekannt. Die Schriftform ist die der Stutzrunen mit Ausnahme der *m*-Rune in der „dänischen" Form. Im Anschluß wesentlich an M. Olsens (NIyR II, Nr. 102; V, S. 261) Lesung und Deutung hatte die Inschrift, die in gehobenem Stil und mit gelegentlicher Anwendung des Stabreims abgefaßt ist, folgenden Wortlaut (in literarischer Schreibweise):

út ok vítt ok [oder: *um*] *þurfa þerru ok á(t)s*
vin(d)kalda á ísa í úbygð að [= *at*?] *kǫmu.*
auð má illt vega — døyi ár.

„Hinaus (auf's Meer) und weithin (in die Ferne) und notleidend an trockener Kleidung und Essen kamen sie auf windkalte Eisflächen in die unbewohnbare Einöde. Auf das Glück kann das böse (Schicksal) einschlagen — (daß) man früh sterbe."

Es handelt sich bei dieser Inschrift wahrscheinlich um eine unglücklich ausgegangene Reise reicher Kaufleute aus Ringerike, die in die unbewohnbaren Eisöden der grönländischen Ostküste verschlagen wurden und dort durch Kälte und Hunger ihren Tod fanden. Von derartigen Reisen besitzen wir literarische Zeugnisse. Unbekannt bleibt dabei, wie jene Reisenden noch vor ihrem Tod der Außenwelt Kunde zukommen lassen konnten; vgl. immerhin die In-

schrift von Kingigtorssuaq. S. Bugge (NIyR 1902) vermu-
tete, daß unsere Inschrift nur der zweite Teil eines längeren
Textes ist, während der erste Teil, der vermutlich den
Namen der Reisenden angab, auf einem anderen, völlig
verlorengegangenen Stein stand.

§ 104. Schließlich sei noch die nördlichste Inschrift Nor-
wegens angeführt: An der Nordostecke der südwestlich von
Tromsø gelegenen Insel Senja unter 69° 30′ nördl. Breite
fand man in einer kleinen Bodenmulde und nur von einigen
Steinen bedeckt einen mehrteiligen silbernen Halsschmuck
mit einer Runeninschrift in Form einer eddischen Halbstrophe. In literarischem Altnordisch:

Fórum drengja   Fríslands á vit
ok vígs fotum   vér skiptum.

„Wir fuhren den Kriegern Frieslands entgegen, und die
Kriegsbeute teilten wir." Die Inschrift ist mit ziemlicher
Sicherheit der Zeit gegen 1025 zuzuweisen.

§ 105. Auch auf den Färöern (Stein von Kirkjubœ), in
England und Schottland sowie in den ehemals norwegischen
Kolonien auf den Britischen Inseln (Shetland, Orkney,
Hebriden, Man) und selbst in Irland haben sich nicht
wenige norwegische Runeninschriften sowohl auf losen
Gegenständen wie auf Gedenksteinen und Steinkreuzen
aus der WZ gefunden. Eine Inschrift von der Insel
Man ist oben § 100 erwähnt worden. Im übrigen sei hier
nur noch die eine der zwei Inschriften aus Irland ange-
führt. Es handelt sich um den Teil eines skandinavischen
Schwertes aus Greenmount (County Louth) mit der Inschrift (hier in Worte aufgeteilt): **tomnal sels hofoþ a soerþ**
(þ)eta. „Dufnall Seehundskopf besitzt dieses Schwert."
Die Inschrift ist in Mischrunen und mit gelegentlichen

Punktierungen verfaßt und dürfte frühestens der Mitte des 11. Jh.s zuzuweisen sein.

Nur eben erwähnt sei eine wahrscheinlich norwegische Inschrift aus der Zeit um 1000 aus Karlevi auf der Insel Öland, die nach einer Gedenkinschrift auf einen Toten namens Sibbi eine vollständige Skaldenstrophe im Hofton (*dróttkvætt*) enthält.

§ 106. Die einzige grönländische Inschrift aus der WZ, und zwar ziemlich genau datierbar (gegen 1000), wurde in der Siedelung Narssaq an dem ehemaligen Eiriksfjord gefunden, in dessen Gebiet Eirik der Rote wohnte, der im Jahre 985 oder 986 Grönland von Island aus besiedelt hatte. Es handelt sich bei jenem Fund um einen groben, 42,6 cm langen, an einem Ende spitz zulaufenden Fichtenstock (wohl Treibholz), der auf vier Flächen Runeninschriften trägt, die im wesentlichen aus den uns aus Norwegen her bekannten Mischrunen bestehen.

Davon sind nur zwei Seiten wichtig: auf der einen ist ein Futhark eingeritzt, das in der dritten *ætt* (vgl. § 18) noch die alte Reihenfolge *-ml-* bietet, nicht die in hochmittelalterlichen Inschriften übliche Reihenfolge *-lm-*. Noch wichtiger ist die an dem dicken Ende des Stabes beginnende längere Inschrift. Am Anfang ist ein Kreuz geritzt; darauf folgt die eigentliche Inschrift ą : sa: sa: sa: is: ąsa: **sat.** Der zweite Teil beginnt wiederum mit einem Kreuz; danach **bibrau : haitir: mar : su : is : sitr : ą : blan** ///. Es handelt sich hierbei offensichtlich um einen primitiv gebauten, mit Stabreimen versehenen zweiteiligen Vers.

Inhaltlich ist ein Silben- bzw. Wortspiel betrieben: Jeder Halbvers enthält die Präposition *ą* „auf". Die beiden Silben *ą sa*, durch den Worttrenner deutlich getrennt, ergeben zusammengelesen das letzte Wort **ąsa** der ersten Vershälfte. Außerdem scheint das Verbum „sitzen" in

der ersten Hälfte in der Vergangenheits-, in der zweiten
Hälfte in der Gegenwartsform aufzutreten. Der dreimalige,
jeweilig selbständige Komplex sa nimmt sich wie eine
magische Formel aus, deren Bedeutung uns unbekannt
ist. *Bibrau* ist vielleicht eine mythische Erscheinung.
Bláinn „der Blauende" ist in der altisländischen Dichtung
eine Benennung verschiedener Wesen und Dinge, z.B. für
den Ur-Riesen, für einen Zwerg, für einen Himmelsteil.
In unserem Zauberspruch könnte es sich entweder auf den
blauenden Himmel oder auf einen Gletscher beziehen;
vgl. den Gletscher *Bláserkr* „Blauhemd" an der grönländischen Südostküste.

Man könnte also übersetzen: „Auf *sa, sa, sa* (ist es), wo Asa
saß; Bibrau („die bebende Rahe"?) heißt die Jungfrau, die
auf Blain sitzt." Der Gesamtsinn bleibt freilich völlig dunkel.

7. Inschriften des Hochmittelalters und der Neuzeit

A. Dänemark

§ 107. Die dänischen Runeninschriften des Hochmittel-
alters finden sich größtenteils auf christlichen Grabsteinen
mit grundsätzlich gleicher Formulierung wie bei den früheren Gedenksteinen, nur mit christlichem Zusatz. Es
lohnt sich nicht, davon hier Beispiele zu bringen.

Inschriften auf losen Gegenständen sind seltener und
finden sich überwiegend an kirchlichen Bauten und Geräten sowie auf Amuletten. Profanen Inhalts sind zahlreiche Münzinschriften aus der späteren Regierungszeit
(etwa 1065—1075) des Königs Sven Estridson (vgl. DR,
Sp. 857ff.). — Von sonstigen losen Gegenständen seien
genannt: Ein Kamm von Lincolm (England, DR 418) trägt
die Inschrift: **kamb:koþan:kiari:þorfastr** „Diesen guten
Kamm machte Thorfast". — Von einer gewissen histo-

rischen Bedeutung ist die Inschrift auf einem an beiden
Enden abgebrochenen beinernen Messergriff, der auf dem
Ringwall von Alt-Lübeck gefunden wurde: **paa:knif:goþæ(r)**
„Pais gutes Messer". Runenformen und Sprache weisen
in das Hochmittelalter. Nach der Ansicht von Brøndum-
Nielsen war der Besitzer des Messers möglicherweise ein
auf dem Ringwall Wache haltender Soldat des Dänenkönigs Waldemar, der sich im Jahre 1203 vorübergehend
in Lübeck aufhielt.

B. Schweden mit Gotland

§ 108. In Schweden verläuft die Entwicklung der Runeninschriften auf Steinen ähnlich wie in Dänemark: Statt der
aufgerichteten Bautasteine treten nun die liegenden Grabsteine mit rein christlicher Formulierung der Inschriften
mehr und mehr in den Vordergrund. Auch Runeninschriften auf losen Gegenständen treten in den Dienst der
Kirche. Als Beispiel sei hier die lange Inschrift, eines der
letzten Zeugnisse der Verwendung von durchgehenden
Stutzrunen (§ 12), auf dem Ring an der Kirchentür von
Forsa (Hälsingland) angeführt, deren Deutung in Einzelheiten noch strittig ist, die aber in Übersetzung ungefähr
folgendermaßen lauten dürfte:

„Einen doppelwertigen Ochsen und zwei Öre (soll man
büßen) dem Bischofsstab beim erstenmal, zwei Ochsen
und vier Öre beim zweitenmal, aber beim drittenmal
vier Ochsen und acht Öre dem Bischofsstab. Und alles an
Eigentum setzt man aufs Spiel (verliert man), wenn das
nicht richtig dargebracht wird, was die Gelehrten (= die
Geistlichen) nach Volksrecht zu beanspruchen haben. —
So war es vormals eingeführt und geheiligt. — Aber es
beschwerten sich darüber: Anund auf Tarstadir und Ofag
auf Hjördstadir, aber Vibjörn schrieb (die Runen)".

Der Text, der dem Anfang des 12. Jh.s zuzuweisen ist, wendet sich mit dreifach abgestuften Bußen gegen Verstöße wider das Kirchenrecht oder den Kirchenfrieden.

Die Sitte der Runensteine setzt sich besonders auf der Insel Gotland fort, auch hier immer stärker im Dienste der Kirche. Die Runen als solche verlieren mehr und mehr ihre alte Kraft und Eigenheit als götterentstammte Mächte (§ 32) und werden jetzt nur eine äußerliche, vielleicht volkstümliche Parallelschrift zu der Lateinschrift, der sie mit der Zeit erliegen.

§ 109. Besonders lange hält sich der Gebrauch der Runeninschrift einmal auf der Insel Gotland unter Ausbildung einer Sonderart des punktierten Runenalphabetes, sodann in der mittelschwedischen Landschaft Dalarna, wo das punktierte Runenalphabet ebenfalls und unter Einmischung lateinischer Buchstaben eine besondere Ausprägung erhielt. Auf Gotland sind christliche Grabinschriften bis ins 16. Jh. erhalten, und noch im 17. Jh. finden sich auf der Insel Inschriften verschiedener Art in Kirchen.

Hier sei nur die Inschrift auf dem Herdpfeiler von Kullands (vgl. O. v. Friesen in: Hoops Reall.[1] IV, 48) angeführt: „Botmund Kullans, er ließ machen dieses Mauerwerk, und er machte selbst die Holzarbeiten für die Wohnung und das Sommerhaus, und da war *h* der Sonntagsbuchstabe und *k* der goldene Buchstabe in der 13. Reihe. Und es wurde fertig am Abend vor Judas und Simon. Margit hieß seine Frau." Die Inschrift datiert sich nach dem Runenkalender auf den 27. Oktober 1487. — Runenkalender, wie sie soeben erwähnt wurden, waren in Gotland bis in die Neuzeit hinein gebräuchlich.

In Dalarna hielten sich Runen in volkstümlichem Gebrauch bis in das Ende des 19. Jh.s hinein auf bäuerlichen

Möbeln und Geräten. Hier sei die Inschrift auf einer Milch-
schale von Hykie zitiert: „Mats Hindersson hat diese
Schale gemacht, und zwar Hykieby, Datum, den 9. Sep-
tember, hat sie geschnitzt in Persgrav aus einem Stubben
anno Jahr MDCCIV, und Gott gebe, daß sie sein möge
gefüllt und niemals leer mit guter, schöner und süßer
Sahne! Dann wäre es recht gut."

Fig. 16 Inschrift von Hykie
(nach E. Svärdström)

C. Norwegen mit Kolonien

§ 110. In Norwegen setzt sich der Gebrauch der Runenschrift bis ins späte Mittelalter fort, und zwar zu den verschiedensten Zwecken; vor allem in vielen Inschriften teils
religiösen, teils profanen Inhalts in Stabkirchen. Ferner
finden sich Inschriften, die sich auf das Aussetzen von
Fischen beziehen, auf Grenzsteinen, sowie auf Steinen mit
allerlei sonstigen Angaben.

Von unmittelbar historischem Wert ist die Inschrift
auf zwei Holzbrettern an der südlichen Tür der alten Stab-
kirche von Vinje, Telemarken (NIyR II, Nr. 170 f.). Die
eine Inschrift lautet: „Sigurd Jarlsson ritzte diese Runen
am Sonnabend nach der Botolfsmesse (17. Juni), als er
hierher floh und nicht einen Vergleich mit Sverre, dem
Töter seines Vaters und seiner Brüder eingehen wollte."
Diese Inschrift, die sich auf die Fehde zwischen Sigurd
und König Sverre bezieht, ist im Jahre 1197 geritzt worden.
Auf dem gegenüberstehenden Holzbrett haben Sigurds
Gefolgsleute in einer *dróttkvætt*-Strophe ihre Entschlossen-
heit bekundet, im Widerstand fortzufahren.

§ 111. Eine große Überraschung boten die außerordentlich reichen Runenfunde (bisher etwa 550), die im letzten
Jahrzehnt an Bergens-Brücke ans Licht gekommen sind.
Sie stammen sämtlich aus dem Zeitraum vom Ende des
12. bis ins 14. Jh. Zu einem großen Teil sind die hier gefundenen Runeninschriften auf hierfür zugerichtete Holz-
stäbe (*rúnakefli*) geritzt, daneben aber auch auf anderes
Material. Inhaltlich erstrecken sich diese Inschriften auf
alle Stufen schriftlicher Äußerung: von kunstvollen eddischen und skaldischen Gedichten an über Zaubersprüche
und magische Formeln, geschäftliche Mitteilungen, private
Briefe bis zu primitivsten Gelegenheitsäußerungen. So sei

hier als Kuriosität die Notiz vermerkt, die ein Gast in der Schänke an der Brücke auf einem herausgebrochenen Knochenstück seiner Mahlzeit hingeworfen hat: *Nú er skœra mykyl* „Jetzt gibt's großen Krach".

Bemerkenswert ist ein Privatbrief auf einem *rúnakefli*, in dem ein uns unbekannter Mann beraten wird, an welche Adresse in Bergen er sich sogleich nach seiner Ankunft wenden soll, um in einer ihn persönlich und politisch angehenden Angelegenheit vorstellig zu werden.

In ein uns bekanntes historisches Milieu führt uns ein weiterer Runenbrief hinein, der ungefähr um 1194 verfaßt worden ist, und in dem Sigurd Lavard (= „Lord") im Auftrag seines Vaters, des Königs Sverre, einen uns unbekannten vornehmen Mann ersucht, für den König ein Langschiff nebst Bewaffnung zu stellen.

Eins der eddischen Epigonengedichte von Bergens-Brücke gestattet, in Str. 19 des alten Eddaliedes Sigrdrífumál das hier überlieferte, im Zusammenhang sinnlose Wort *bócrúnar* „Buch(en)runen" in *bótrúnar* „Heilungsrunen" zu verbessern (vgl. § 115).

§ 112. In der Höhle Maeshowe auf Mainland, der Hauptinsel der Orkneys sind zahlreiche Graffiti gefunden, die im Laufe des 12. und 13. Jh.s von gelegentlichen Besuchern der Höhle geritzt worden sind. Hier sei nur eine dieser Inschriften in Übersetzung wiedergegeben: „Diese Runen ritzte der Mann, der der runenkundigste (*rúnstr*) ist im Westen des Meeres (der Nordsee), mit der Axt, die Gauk Trandilsson besessen hatte im Südlande (Island)." Die ersten beiden Worte *þisar runar* sind in Zweigrunen (wie auf dem Stein von Rök) geschrieben. Da Gauk Trandilsson ein historisch bekannter Isländer war, läßt sich die Inschrift um 1175 ansetzen.

§ 113. Island, das die größten Literaturschöpfungen des
alten Nordens hervorgebracht hat, ist erstaunlich arm an
Runendenkmälern. Kein einziges Runenzeugnis ist uns
aus der WZ unmittelbar überliefert. Allerdings dürfen wir
aufgrund literarischer Zeugnisse annehmen, daß es auch
schon in diesem Zeitraum *rúnakefli* gegeben hat, die uns
nur durch die Ungunst der klimatischen Verhältnisse nicht
mehr erhalten sind.

Das erste uns bekannte Runendenkmal Islands (um
1200) ist die am Anfang zerstörte Inschrift an der Kirchentür von Valþjófsstaðir im Süden der Insel: [*Sé inn?*]
ríkiakonong : hérgrapin(n) : er vá dreka þæn(n)a „[Sieh den]
mächtigen König hier begraben, der diesen Drachen
schlug.“ Diese Inschrift bezieht sich auf das reiche Bild-
schnitzwerk der Tür, daß das bekannte Motiv des von
einem Löwen begleiteten Drachenkämpfers darstellt. Ob
hierbei ein bestimmter, historisch bekannter Held gemeint ist, läßt sich nicht entscheiden.

Fig. 17 Inschrift von Valþjófsstaðir
(nach A. Bæksted)

In noch späterer Zeit bis in die Neuzeit hinein sind auf
Island vor allem viele christliche Grabinschriften in Runen
bekannt, außerdem Runeninschriften auf losen Gegenständen, darunter auch magischer Art wie die bekannte
lateinische Zauberformel *sator arepo* usw.

§ 114. Aus dem von Island her besiedelten Grönland ist uns, abgesehen von der Inschrift von Narssaq (§ 106), eine ganze Anzahl Runenzeugnisse aus dem Mittelalter erhalten, vor allem christliche Grabinschriften in einem besonders ausgeprägten grönländischen Runenalphabet.

Ein inhaltlich völlig unkonventionelles Runendenkmal dagegen ist die Inschrift auf einem 10 cm langen und 4 cm breiten Quarzschieferstein, der vor der mittleren von drei Steinwarten lag, die auf dem Eiland von Kingigtorssuaq vor der Westküste Grönlands unter 72° 58' wahrscheinlich von wagemutigen Jägern errichtet waren. Der norwegische Runologe M. Olsen hat mit viel Scharfsinn nicht nur den eigentlichen Text der Inschrift entziffert, sondern auch die Jahreszahl herausgefunden, die in der Inschrift nach dem Muster der Stabkalender angedeutet ist: ,,1333. Erling Sigvatsson und Bjarni Tordarson und Eindridi Oddsson Sonnabend vor Gangtag (= Litania Major, 25. April) schichteten diese Warten auf und runten (= schrieben die Runen) gut."

Unsicher an dieser Deutung ist lediglich der Schluß: ... **rydu il.** Die beiden letzten Buchstaben **il** sind als Geheimrunen, und zwar im System der Is-Runen (§§ 19 u. 87) geschrieben. Nach M. Olsen ergeben sie unter Doppellesung der vorangehenden *u*-Rune des Wortes *ry(n)du* das Wort *vel* ,,gut". Da aber in der sonstigen Inschrift zwei gleiche benachbarte Laute stets auch durch die zwei gleichen Runen ausgedrückt werden, kann man auch daran denken, daß letzte Wort in Geheimrunen als *él* ,,Schnee- und Hagelbö", auch im allgemeinen ,,zerstörendes Unwetter" aufzufassen; der Schluß wäre dann zu übersetzen: ,,und berunten das Unwetter". In diesem Fall würde die Anbringung der Steinwarten und des Runenzaubers eine Art Notruf darstellen.

Die sich selbst in das Jahr 1362 datierende Runeninschrift des Steines von Kensington (Minnesota) ist nach dem Urteil aller Runologen eine Fälschung. Literatur bei H. Marquardt, Bibliographie der Runeninschriften nach Fundorten I., 1961, 148ff.

III. Runen in der altwestnordischen Literatur

§ 115. In einer Reihe von eddischen Gedichten finden sich Angaben über die göttliche Herkunft sowie über Anbringung und Zielsetzung der Runen. In ganzen Gruppen treten solche Angaben auf in den Hávamál („Reden des Hohen" = Odins) und in den Sigrdrífumál, dem Gedicht von der Erweckung der Valkyrje durch Sigurd und von ihren Runensprüchen. Dazu kommen noch Str. 36 der Skirnismál sowie die Erwähnung geheimer Runenschreiben in den grönländischen Atlamál und in der Guðrúnarkviða 2.

In allen diesen Fällen werden die Runen in einer dichterisch übersteigernden und mythologisierenden Schau gesehen; sie sind daher kein unmittelbares Zeugnis für die tatsächliche Verwendung der Runen. Von den *rúnar reginkunnar* und von Odin als den am Weltenbaume hängenden Gott, der in höchster Not die Runen aufnahm und damit aus einem Gott der Geister zu einem Gott des Geistes wurde, war bereits oben § 32 die Rede. In diesem Zusammenhang weist die Edda auch schon auf die verschiedenen Akte der Anbringung von Runen hin: ... *er fáði fimbulþulr ok gørðo ginnregin ok reist hroptr rǫgna* „(die Runen), die der Riesendichter malte, die die magisch wirkenden Götter schufen und die der Rufer der Götter (= Odin) ritzte" (Háv. 142).

Für die magische Anwendung der Runen finden sich besonders in den Sigrdrífumál zahlreiche Sonderbezeichnungen; so gibt es da *ǫlrúnar*, in der damaligen Zeit als „Bierrunen" verstanden, ursprünglich aber „*Alu*-Runen" = „Zauberrunen" (oben § 38), *bjargrúnar* „Bergerunen" = „helfende Runen", *brimrúnar* „Brandungsrunen" zur Besänftigung von Sturm und Wogen, *bótrúnar* „Heilungsrunen" (vgl. § 111 Schluß). In allen diesen Fällen ist ausschließlich vom magischen Gebrauch der Runen, und zwar wohl vor allem von Begriffsrunen (§ 20) die Rede.

Von den uns wirklich überlieferten Runennamen (§ 16) kommen in dieser Fülle der eddischen Runennamen lediglich *nauðr* „Not", *Týr* (der Kriegsgott) und *Þurs* „Thurse" (= dräuende Riesenkraft) vor, der letztgenannte Name in den Skírnismál 36: als sich die Riesentochter Gerd der Werbung Skírnirs für seinen Herrn, den Gott Frey, hartnäckig widersetzt, droht ihr Skírnir mit einem Runenzauber: „Einen Thursen ritz' ich Dir und drei Stäbe: Argheit, Irrsinn und Ungeduld."

§ 116. Wichtiger sind die unmittelbaren Zeugnisse einiger Skalden über Nutzen und Verwendung von Runen. Der Orkaden-Jarl Rögnvald (gest. 1158) rühmt sich in einer Skaldenstrophe (Skj. B I, 478, 1), daß er sich auf neun Fertigkeiten verstünde, darunter auch auf die Runenkunst.

Ein großer Runenmeister war auch Egil Skallagrímsson (etwa 900—983). Als ihm bei einem Gelage ein Horn mit vergiftetem Bier gereicht wird, ritzt er mit dem eigenen Blut einen Runenzauber in das Horn und spricht dazu eine Strophe (Skj. B I, 43,1), die mit den Worten beginnt: *rístum rún á horni, rjóðum spjǫll í dreyra* „Ich ritze eine Rune (hier wohl kollektiv = „Runen"; vgl. § 1) auf das Horn, röte die Aussage mit Blut".

In Kap. 72 der Egilssaga wird erzählt, wie Egil, als er sich bei einem Bauern zu Gast befindet, die Tochter des

Hausherrn schwerkrank liegen sieht. Er entdeckt in ihrem Bett einen Fischkiemen, in den 10 Runen eingeritzt waren. Er erfährt, daß ein benachbarter Bauernsohn hier Liebesrunen hatte ritzen wollen, in Wirklichkeit aber irrtümlich Krankheitsrunen benutzt hatte. Egil schabt die Runen ab und verbrennt den Fischkiemen. Dazu spricht er eine entsprechende Strophe, die von der Forschung gewöhnlich als echt angesehen wird.

Aus derartigen Zeugnissen geht eindeutig hervor, daß Runen auf losen Gegenständen auch auf Island zur WZ verwendet wurden. Es ist daher durchaus mit der Möglichkeit zu rechnen, daß auch *rúnakefli*, wie wir sie aus dem Hochmittelalter unter den Funden von Bergens-Brücke antrafen (§ 111), auch im Island der WZ benutzt wurden. Auf solche Verwendung der Runen wird auch in Kap. 33 der Gíslasaga hingewiesen.

Dagegen scheint es mir nicht erwiesen, daß Egil den Zauber, den er bei seiner Rückfahrt aus Norwegen zu der Errichtung einer „Neidstange" (Egils saga Kap. 57) gegen seine Erzfeinde, König Eirik und Königin Gunnhild wandte, nach den Angaben der Saga wirklich in Runen in die Neidstange ritzte.

IV. Der Kreislauf der Runen

§ 117. Als die Runenschrift etwa zu Anfang des 1. Jh.s n. Chr. zu einem eigenen und geschlossenen Schriftsystem der germanischen Stämme entwickelt war, hatte sie ihre Wurzeln höchstwahrscheinlich in einer Mischung verschiedener älterer Schriftsysteme, am ehesten in einer Verbindung nordetruskischer und lateinischer Buchstaben (vgl. §§ 24 und 25). Etwa ein halbes Jahrtausend hindurch hielt

sich diese in ihren Formen und in ihren Anwendungs-
bereichen gefestigte Schrift bei den verschiedensten germanischen Stämmen. In Deutschland, Friesland und England
erlag sie bald dem Einfluß der lateinischen Schrift. Im
Norden hielt sie sich länger; aber auch hier begann etwa
seit dem 7. Jh. ein gewisser Verfall durch die Verminde-
rung des alten 24typigen Futharks zu einer Runenreihe
von nur 16 Typen.

Ein weiterer Anlaß zum Verfall war die Einführung der
punktierten Runen (§ 14), um die einzelnen Sprachlaute
nun wieder besser, vermutlich im Anschluß an die lateinische Schrift, ausdrücken zu können. Im späteren vollständig punktierten Runenalphabet wurde auch anstelle
der Futhark-Ordnung die alphabetische Reihenfolge eingeführt. Im übrigen ging auch die innere Kraft der alten
Runen mit ihren geheimnisvollen Wirkungen mehr und
mehr verloren. Immer stärker wurden die Runen lediglich
zu einer äußerlichen Entsprechung der lateinischen Buchstaben.

Besonders die Inschriften von Bergens-Brücke aus dem
Hochmittelalter (§ 111) haben uns gelehrt, daß man noch
in so später Zeit die billiger anzubringende Runenschrift
auf Holz neben der Lateinschrift auf kostbarem Pergament
in weitesten Volkskreisen verwendete. Die letzten Aus-
läufer einer volkstümlichen Runenschrift fanden sich in
Dalarna, nun freilich schon stark vermischt mit lateinischen Buchstaben, so daß also ein gewisser Kreislauf der
Runen zum Ausgangspunkt zurück festzustellen ist. Die
von überwältigenden literarischen und politischen Kräften
getragene Lateinschrift hatte nun endgültig gesiegt.

Anmerkungen zu den einzelnen Abschnitten

§ 3. L. Wimmer, Die Runenschrift 11 ff. — G. Jaffé, Geschichte der Runen-forschung, Berlin u. Leipzig 1937.

§ 9. E. Wessén, Om Vikingatidens Runor = Fil. Ark. 6, 1957.

§ 12. I. Sanness-Johnsen, Stuttruner, Oslo 1968.

§ 15. Die verschiedenen Runengedichte sind am besten zusammengestellt bei: Bruce Dickins, Runic and Heroic Poems, Cambridge 1915. Vgl. auch Düwel, Runenkunde 104.

§ 16. Die einzelnen Runennamen: O. v. Friesen, Run. (NK VI), 62. — H. Arntz, Hdb., 167 ff. — W. Krause, Untersuchungen zu den Runen-namen I = NGAW 1946/47, 60 ff.; II ebd. 1948, 93 ff. — K. Schneider, Die germanischen Runennamen [mit sehr subjektiven Erklärungen] Meisenheim am Glan, 1956. — KJ, S. 4.

§ 22. Herkunft, griechischer Ursprung: S. Bugge, Om Runeskriftens Begyn-delser, in: Beretning om Forhandl. paa det 5te nord. Filologmøde. Kph. 1899, 57; NIæR Inledning, 157 ff. — O. v. Friesen, Om runskriftens härkomst, Uppsala 1904; Hoops Reall.[1] IV, 5 ff.; ANF 47, 1931, 80 ff.; Run. (NK VI) 3 ff.

§ 23. Latein-These: Wimmer, Die Runenschrift 11 ff. — H. Pedersen, L'ori-gine $_{_{\text{P}}}$ s runes = Mém. de la Soc. Roy. Ant. du Nord 1920—24, 88 ff. (= ANO 1923, 37 ff.). — F. Askeberg, Norden och kontinenten i gammal tid. Uppsala 1944, 85. — E. Moltke, Er runeskriften opstået i Danmark? = Nat. Mus. Arb., 1951, 47 ff.

§ 24. Nordetruskische These: Marstrander, NTS 1, 1928, 5 ff. — M. Hammar-ström, Om runskriftens härkomst = SNF 20, 1930, 1 ff. — Vgl. auch KJ, S. 7. — R. Egger, Die Ausgrabungen auf dem Magdalensberg 1956 und 1957 = Carinthia 1, 1959, 3 ff.; 2, 1961, 186. — L. Musset, Intro-duction, 49 ff. — Kanne von Castaneda: W. Burkart und J. Whatmouhg, Anz. f. Schweiz. Altertumskunde 40, 1938, 119 ff.

§ 27. Beeinflussung durch Sinnzeichen: W. Krause, Altpreußen 1936, 15 ff.; KJ I, S. 7. — Weg der Runen: F. Altheim und E. Trautmann-Nehring, Kimbern und Runen, Berlin 1944. — Arntz, Hdb., 54 ff.; J. Werner, Das Aufkommen von Bild und Schrift in Nordeuropa = SMAW 1966, Phil.-Hist. Kl., S. 47 ff.

§ 32. Magie: M. Olsen, Om Troldruner (Fordomtima II) Uppsala 1917; ders.: NIæR III, 77 ff. (Eggjum). — A. Bæksted, Målruner og Troldruner, Kph. 1952.

§ 34. Nordendorf: Völlig andere Lesung und Deutung durch W. Steinhauser, ZDA 97, 1967, 1 ff. — rétti: I. Lindquist, Religiösa Runtexter II, 1940, 125 ff.

§ 36. Ulvsunda: A Nordén, Bromma Hembygds Förenings Årskr. 1962,
4 ff. — W. Krause, Was man in R. ritzte, 16. — Högstena: H. Jungner,
Fv. 1936, 278 f. — W. Krause, GGA 1943, 243. — A. Nordén, Vitt.
Hist. Ant. Ak. Hdl. 1963, 178 f. — E. Svärdström, Fv. 1967, 12 ff. —
Sigtuna-Amulett: I. Lindquist, Religiösa Runtexter I, 1932. — H. Pip-
ping, SNF 23, Nr. 4, 1933. — W. Krause, GGA 1943, 263 f. — Eriksson
och Zetterholm, Fv. 1933, 129 ff. — E. Moltke, Nord. Tidskrift for
Vetensk., Konst och Industrie 1934, 435 f.

§ 40. *erilaʀ*: E. Elgqvist, Studier rörande Njordkultens spridning bland de
nordiska folken, Lund 1952, 117 ff. — Schwedische Runenmeister:
E. Brate, Svenska Runristare, Sthlm 1925.

§ 41. E. Wessén, Historiska Runinskrifter, Lund 1960.

§ 44. Koine: W. Krause, NGAW 1961, 262. — E. A. Makaev, Jazyk drevnej-
šich runičeskich nadpisej 1965, 19 ff. (vgl. W. Krause GGA, 1968, 112 ff.).

§ 69. Die neue gotische Inschrift wird in KZ 1969 erscheinen.

§ 73. Friesische Inschriften: Arntz-Zeiss, passim. — W. J. Buma, Frieslands
Runeninscripties, Groningen 1957. — K. Düwel und W.-D. Tempel,
Knochenkämme mit Runeninschriften mit einer Zusammenstellung
aller bekannten Runenkämme und einem Beitrag zu den friesischen
Runeninschriften = Palaeohistoria, Groningen 1969. — P. Berghaus
und K. Schneider, Anglo-friesische Runensolidi im Lichte des Neufundes
von Schweindorf, Köln und Opladen 1967.

§§ 74—76. Altenglische Inschriften: R. W. V. Elliott, Runes, 76 ff. — K.
Schneider, Six OE Runic Inscriptions, in: Festschrift Stefán Einarsson
1968, 37 ff. — Über Auzon jetzt Hoops[2] s. v.

§ 79. Skabersjö: DR 263; Marstrander, Aftenposten, 30. 4. 1949. — H. Arb-
man, Kgl. Hum. Vetenskapssamfunds i Lund Årsberättelse 1955/56,
III, 93 ff. — M. Strömberg, Acta Archaeologica Lundensia 1961, 123 ff. —
Dazu noch nicht veröffentlichte Ergebnisse eigener Untersuchung des
Originals 1962.

§ 85. Alt-Ladoga: G. Høst, NTS 19, 1960, 418 ff. (Schildgedicht). — W.
Krause, ebd. 555 ff. (Totenpreis). — V. Kiil, ANF 79, 1964, 33 ff.
(Jagdzauber). — Stuttr., 167 ff. — Endre: (Svenskens) O. v. Friesen,
Gotl. Ark. 1941, 33 ff. — Sigtuna-Dose: O. v. Friesen, Fv. 1912, 6 ff.;
Upplands Runstenar, Uppsala 1913, 73 ff. — E. Brate, Svenska Run-
ristare, Sthlm 1925, 54 ff. — S. Sierke, Kannten die vorchristlichen Ger-
manen Runenzauber? Königsberg/Berlin 1939, 92.

§ 86. Kälvesten: A. Nordén, Fv. 1961, 256 ff.

§ 87. Rök: S. Bugge, Der Runenstein von Rök, Sthlm 1910. — O. v. Friesen,
Rökstenen, Sthlm 1920. — O. Höfler, Germanisches Sakralkönigtum I,
Tübingen, 1952; Der Rökstein und die Sage ANF 78, 1963, 1 ff; 81.
1966, 219 ff. — E. Wessén, Runstenen vid Röks kyrka — Vitt. Hist,
Ant. Ak.. Hdl. 1958, 10 ff.; ANF 79, 1964, 1 ff. — A. Nordén, Fv. 1960,
260 ff. — L. Jacobsen, ANF 77, 1961, 1 ff. — Stuttr., 140 ff.

§ 88. Oklunda: A. Nordén, Fv. 1931, 330ff. — O. v. Friesen, Run. (NK VI)
152f. — W. Krause, Was man in R. ritzte, 35. — Stuttr., 138ff. —
Pilgårds: H. Pipping in: Festschrift A. Noreen 1904, 175ff. — W. Krause,
NGAW 1952, 53ff.; Gotl. Ark. 1954, 7ff. — Stuttr. 116f.

§ 91. Högby I: Ög 81. — W. Krause, Was man in R. ritzte, 33. — K. G. Ljung-
gren, ANF 79, 1964, 43ff. — Sjonhem: S. Lindqvist, Gotlands Bild-
steine I, 1941, 53; II, 1942, 112. — G 134—136. — Wikingerfahrten:
A. Ruprecht, Die ausgehende WZ im Lichte der Runeninschriften, Göttingen 1958.

§ 92. E. Wessén, Hist. Runinskrifter, Sthlm 1960, 30ff. (Ostfahrten).

§ 93. Wessén, ebd. 10ff. (Westfahrten).

§ 94. Bällsta: Sven B. F. Jansson, The Runes of Sweden, 103. — Hillersjö:
A. Ruprecht, a.a.O. 115ff. — Malsta: v. Friesen, Run. (NK VI), 160f. —
Sven B. F. Jansson, The Runes of Sweden, 107.

§ 95. Ramsundsberget: Sö 101. — S. Lindqvist, Fv. 1914, 203ff. — Ruprechts
a.a.O. 113ff.

§ 97. Oseberg: S. Bugge, Der Runenstein von Rök, 1910, 222f. — NIyR II•
Nr. 137. — Stuttr. 172. — Gokstad: NIyR II, Nr. 139. — Stuttr. 171·

§ 98. Tu: NIyR III, Nr. 228. — Stuttr. 193f. — Klepp I: NIyR III, Nr
225. — Stuttr. 191f.

§ 99. Evje (Galteland): L. Jacobsen, Evje-Stenen og Alstad-Stenen, 1933.
1ff. — NIyR III, Nr. 184.

§ 100. Njærheim I: NIyR III, Nr. 223. — Stuttr. 188f. — Ballaugh: M. Olsen,
Viking Antiquities 1954, 182.

§ 101. Alstad I und II: L. Jacobsen, Evje-Stenen og Alstad-Stenen, 21ff. —
NIyR I, Nr. 63f. — Zu Alstad II noch: B. Kleiber, Viking 1965,
63ff.

§ 102. Dynna: L. Jacobsen a.a.O., 17ff. — NIyR I, Nr. 68. Marstrander,
NTS 15 (1949), 394.

§ 104. Senja: S. Bugge, NIyR 1906. — M. Olsen, NIyR IV, Nr. 540.

§ 105. Kirkjubö: G. Stephens, ONRM II, 728f. — L. Wimmer, Die Runen-
schrift, 311f. — NIæR I, 106; 213f. — M. Olsen, Run. (NK VI), 85. —
M. Ingerslev Simonsen, APhS 24, 1959, 107ff. — Stuttr. 212ff. —
Greenmount: M. Olsen, Viking Antiquities, 1954, 181. — Karlevi:
Öl 1ff. Brate-Bugge, Runverser = ATS 10, 1887—91, 177; 216. —
L. Wimmer, DRM Bd. I. S. LXIV. — L. Jacobsen, Festschrift E. Li-
dén, 1934, 279ff.

§ 106. Narssaq: E. Moltke, Tidskrift Grønland, 1961, 401ff. (stark abweichende Deutung).

§ 107. Alt-Lübeck: J. Brøndum-Nielsen, APhS 11, 1952, 35ff. — W. Laur,
Runendenkmäler in Schleswig-Holstein, 1961, 42.

§ 108. Forsa-Ring: G. Stephens, ONRM II, 684 ff.; III, 297 ff. — E. Wad-
stein, Runinskriften på Forsaringen, 1898. — E. Brate, Sverige,
Runinskrifter², 1928, 84. — O. v. Friesen, Run. (NK VI) 154. — J.
Sandström, Om tolkningen av Forsa-ringen. = Kgl. Hum. Vetenskaps-
samfundet i Uppsala Årsbok 1948, 64 ff. — Stuttr. 121 f.

§ 109. Runenkalender: O. Worm, Fasti Danici, Kph 1643. — N. Lithberg,
Tidsregning (NK 21, 1934, 84 ff. — N. Lithberg och E. Wessén, Den
gotländska runkalendern 1328, Sthlm 1939. — Hykie: E. Svärdström,
Runskålen från Hykie = Fil. Ark. 1959, 1 ff. (mit deutscher Zusammenfassung).

§ 111. Bergens-Brücke: A. Liestøl, Viking 1963, 5 ff. (zusammenfassende
Übersicht); Skirnir 1965, 27 ff. (Behandlung der Strophen.) — Vgl.
auch Düwel, Runenkunde, 83 ff. — Sigurd Lavards Runenbrief:
A. Liestøl, MM 1964, 1 ff.

§ 112. Maeshowe: J. Farrer, Notice of Runic Inscriptions discovered during
recent excavations in the Orkneys, Edinburgh 1862. — M. Olsen,
Christiania Vidensk. Selskabs Forhandlinger 1903, 19.

§ 113. Valþjófsstaðir: A. Bæksted, Islands Runeindskrifter, 181 ff.

§ 114. Grönland: M. Olsen, NTS 5, 1932, 189 ff.

§ 115. Edda, die Lieder des Codex Regius . . . hrsg. H. Kuhn, I. Text, 1962,
II. Kurzes Wtb. 1968; Übersetzung: Sammlung Thule I und II. —
W. Schöttler, Die Runenstrophen der Edda, Diss. Göttingen 1948.

§ 116. Gísla Saga, udg. F. Jónsson, 1903 (Altnord. Sagabibliothek Bd. 10);
Thule Bd. 8, 126. — Egils Neidstange: Vgl. noch M. Olsen, Om Troldruner (Fordomtima II), 1917, 28 f.

Alphabetisches Verzeichnis der Fundorte und ähnlicher Quellen

Die Ziffern beziehen sich auf die Paragraphen

HEINRICH HEMPEL

Gotisches Elementarbuch

Grammatik, Texte mit Übersetzung und Erläuterungen
4., neubearbeitete Auflage
169 Seiten. 1966. DM 5,80
(Sammlung Göschen Band 79/79a)

FRIEDRICH RANKE

Altnordisches Elementarbuch

Einführung, Grammatik, Texte (z. T. mit Übersetzung)
und Wörterbuch
3., völlig umgearbeitete Auflage von DIETRICH HOFMANN
205 Seiten. 1967. DM 7,80
(Sammlung Göschen Band 1115/1115a/1115b)

HANS KRAHE

Germanische Sprachwissenschaft

3 Bände

I: Einleitung und Lautlehre
7. Auflage, bearbeitet von WOLFGANG MEID
148 Seiten. 1969. DM 3,60

II: Formenlehre
7. Auflage, bearbeitet von WOLFGANG MEID
155 Seiten. 1969. DM 3,60

III: Wortbildungslehre
von WOLFGANG MEID
270 Seiten. 1967. DM 7,80
(Sammlung Göschen Bände 238, 780, 1218/1218a/1218b)

Walter de Gruyter & Co. · Berlin

NORBERT WAGNER

Getica

Untersuchungen zum Leben des Jordanes
und zur frühen Geschichte der Goten
Groß-Oktav. XII, 280 Seiten. 1967.
Ganzleinen DM 54,—
*(Quellen und Forschungen zur Sprach- und Kulturgeschichte
der germanischen Völker, N.F. 22 [146])*

ROLF HACHMANN

Die Goten und Skandinavien

Groß-Oktav. Etwa 480 Seiten. 1969.
Ganzleinen etwa DM 96,—
*(Quellen und Forschungen zur Sprach- und Kulturgeschichte
der germanischen Völker, N.F. 33 [157])*

HERMANN SCHNEIDER

Kleinere Schriften
zur germanischen Heldensage
und Literatur des Mittelalters

Herausgegeben von
KURT HERBERT HALBACH und WOLFGANG MOHR
Groß-Oktav. VIII, 291 Seiten. 1962.
Ganzleinen DM 44,—

HELMUT DE BOOR

Kleine Schriften

Herausgegeben von
ROSWITHA WISNIEWSKI und HERBERT KOLB
2 Bände. Groß-Oktav. Ganzleinen
1. Mittelhochdeutsche Literatur
VIII, 317 Seiten. 1964. DM 56,—
2. Germanische und deutsche Heldensage
Mittelhochdeutsche Metrik
VIII, 373 Seiten. 1966. DM 78,—

Walter de Gruyter & Co · Berlin

Reallexikon der Germanischen Altertumskunde

von Johannes Hoops

2., völlig neu bearbeitete und stark erweiterte Auflage
Unter Mitwirkung zahlreicher Fachgelehrter

herausgegeben von

HERBERT JANKUHN, Göttingen — HANS KUHN, Kiel
KURT RANKE, Göttingen — REINHARD WENSKUS,
Göttingen

Etwa 8 Bände und 1 Registerband

Bisher erschien:

Band 1, Lieferung 1: Aachen — Ahnenglaube u. Ahnenkult
Groß-Oktav. Mit 3 Tafeln und Textabbildungen
XII, 112 Seiten. 1968. Subskriptionspreis DM 24,—

Ein Hauptzweck des Buches ist die Herstellung einer engen
Fühlung zwischen den verschiedenen Zweigen der germanischen Kulturgeschichte, die in den letzten Jahrzehnten infolge der zunehmenden Spezialisierung der Forschung ein-
ander mehr und mehr entfremdet worden sind. Das Reallexikon soll jedem Forscher nicht nur ein Nachschlagewerk
für sein eigenes Sondergebiet sein, sondern ihn auch schnell
und zuverlässig über die ihn interessierenden Ergebnisse
und Probleme der verwandten Wissensgebiete unterrichten.

Walter de Gruyter & Co · Berlin

Kurzer Grundriß der germanischen Philologie bis 1500

Herausgegeben von LUDWIG ERICH SCHMITT

Band 1

Sprachgeschichte

Oktav. VIII, 440 Seiten. 1969. Ganzleinen DM 30,—

Band 2

Literaturgeschichte

In Vorbereitung

Band 3

Sach- und Kulturgeschichte

Theorienbildung und Methodik der Germanistik
Namenregister (mit biographischen u. ergologischen Daten)
für alle Bände
Sachregister (mit Terminologie) für alle Bände
In Vorbereitung

Der vorliegende erste Band bietet einen systematischen Überblick über die germanische Sprachgeschichte bis 1500, der mit einer entwicklungsgeschichtlichen Darstellung der germanischen Grundsprache (FRANS VAN COETSEM — Cornell/USA) beginnt und über die Einzeldarstellungen der germanischen Sprachen vom Gotischen (JAMES W. MARCHAND — Urbana/USA) über das Altnordische (HANS KUHN — Kiel), das Altenglische (HERBERT PILCH — Freiburg i. Br.), das Altfriesische, das Altsächsische und Mittelniederdeutsche (WILLY KROGMANN† — Hamburg), das Altniederländische und Mittelniederländische (ADOLPHE VAN LOEY — Brüssel), das Althochdeutsche (STEFAN SONDEREGGER — Zürich), das Mittelhochdeutsche (GABRIELE SCHIEB — Leipzig) bis zum Frühneuhochdeutschen (JOHANNES ERBEN — Innsbruck) führt.

Ein Sonderprospekt mit Angaben über die Bände zwei und drei steht zur Verfügung.

Walter de Gruyter & Co · Berlin

Grundriß der Germanischen Philologie

Unter Mitwirkung zahlreicher Fachgelehrter
Begründet von HERMANN PAUL,
herausgegeben von WERNER BETZ

XII. Band

JAN DE VRIES

Altgermanische Religionsgeschichte

2., völlig neu bearb. Aufl. 2 Bände. Ganzleinen

1. Einleitung — Vorgeschichtliche Perioden — Religiöse
Grundlagen des Lebens — Seelen- und Geisterglaube —
Macht und Kraft — Das Heilige und die Kultformen.
XLIX, 505 Seiten, 11 Taf. u. 13 Textabb. 1956. DM 44,—
2. Die Götter — Vorstellungen über den Kosmos — Der
Untergang des Heidentums
VI, 492 Seiten, 12 Karten, 11 Taf., 9 Textabb. 1957. DM 44,—

XV/XVI. Band

JAN DE VRIES

Altnordische Literaturgeschichte

2., völlig neu bearb. Aufl. 2 Bände. Ganzleinen

1. Vorbemerkungen — Die heidnische Zeit — Die Zeit nach
der Bekehrung bis zur Mitte des zwölften Jahrhunderts
VIII, 359 Seiten. 1964. DM 66,—
2. Die Literatur von etwa 1150—1300 — Die Spätzeit
nach 1300
X, 576 Seiten, 1 Karte. 1967. DM 110,—

In Vorbereitung befindliche Bände:

Schwedische Sprachgeschichte. Von ELIAS WESSÉN

Geschichte der niederländischen Sprache
Von FRANS VAN COETSEM

Geschichte der dänischen Sprache. Von PETER SKAUTRUP

Walter de Gruyter & Co · Berlin

Grundriß der Germanischen Philologie

Unter Mitwirkung zahlreicher Fachgelehrter
Begründet von HERMANN PAUL
Herausgegeben von WERNER BETZ

IV. Band

ELIAS WESSÉN

Die nordischen Sprachen

(Dt. Fassung der schwed. Ausg. Suzanne Öhman.)

Mit Anhang: Runeninschriften und Handschriften
auf 9 Kunstdrucktafeln
VI, 161 Seiten. 1968. Engl. Brosch. DM 19,80;
Ganzleinen DM 34,—

X. Band

HERMANN SCHNEIDER

Germanische Heldensage

2 Bände. Ganzleinen

1., 1. Buch: Deutsche Heldensage
2., durch einen Anhang erw., sonst unveränderte Auflage
VIII, 556 Seiten. 1962. DM 56,—

2., 1. Abteilung, 2. Buch
Nordgermanische Heldensage
VII, 327 Seiten. 1933. DM 13,50

2., 2. Abteilung, 3. Buch
Englische Heldensage. Festländische Heldensage in nord-
germanischer und englischer Überlieferung. Verlorene
Heldensage.
VIII, 181 Seiten. 1934. DM 9,75

*Weitere Bände finden Sie in unserem Verzeichnis
Sprach- und Literaturwissenschaften.*

Walter de Gruyter & Co · Berlin